この1冊で安心！

きれいな食べ方 & ふるまい

樋口智香子 著
Higuchi Chikako

ナツメ社

はじめに

食べ方を知ると、食事はもっと幸せになる

「ああ、幸せ」

おいしいものを食べているとき、思わず、こうつぶやいてしまったことはありませんか。私たち人間は、食べることに幸福を感じます。食べることは、命を繋ぐことだからかもしれません。

私も食べることが大好きですが、じつは「きれいな食べ方」や「ふるまい」に自信があったわけではありません。さほど行儀に厳しくない一般家庭に育ち、きちんとした食事の作法を、ほとんど知らずに大人になりました。

接客マナーの講師を目指す過程で、暮らしに関わるマナーも知っておきたいと思い、洋食のテーブルマナーや和食の作法など、様々なシーンのマナーを学びました。

学ぶほどに、食事の仕方には、そこに込められた思いや背景があることを知り、料理への興味・関心、関わる人への感謝と敬意の気持ちが深くなりました。

「どこから来た、どんな料理なのか」「なぜ、そのように食べるのか」

こうしたことを、一つひとつ紐解いて知ることで、目の前にある一皿に、豊かな情緒を感じるようになります。五感と共に、心でも味わうようになり、今まで以上に美味しく、楽しく食べられるようになります。

そう、つまり「きれいな食べ方」を学ぶと、食事の時間がもっと、幸せなものになるのです。

この本はぜひ、「食べることが大好き!」という方に読んでいただきたいです。

食べ方を知ると、ふるまいにも自信がつき、行動範囲や人間関係まで広がります。

どんな場面でも、この本があれば安心という、お守りのような一冊にしていただけたら嬉しいです。

この1冊で安心!

きれいな食べ方&ふるまい

目次

Chapter 1

和食のきれいな食べ方

料理別食べ方編

Column

Chapter 2

洋食のきれいな食べ方

Chapter 3

中国料理のきれいな食べ方

料理別食べ方編

Column

Chapter 4 アジア料理・カジュアル料理のきれいな食べ方

Chapter 5 スイーツのきれいな食べ方

Chapter 6

エレガントなお酒の飲み方

こんなときどうする？ Q&A

Prologue

きれいな食べ方のきほん

ほんの少しの心がけで、
食べ方は自然ときれいになります。
食事の席で気をつけたいことや、
きほんのふるまいについて確認しておきましょう。

感謝の気持ちが「食べ方」に表れます

食事にかかわるすべてに「感謝」と「敬意」をもつ

食事においてもっとも大切なのは、食事にかかわるすべてのことに「感謝」と「敬意」をもつことです。同席者とともに食事ができることへの感謝、料理人・スタッフの技術やサービスへの敬意、食材の命への感謝……。こういった思いを大切にしていれば、食べ方は自然ときれいになります。そして、この「感謝」と「敬意」を表現する方法が、本書でお伝えしている「きれいな食べ方」なのです。

天地の恵みである食材の命に感謝する

「いただきます」という言葉のとおり、「食べる」という行為は、食材の命をいただくことにほかなりません。肉や魚、野菜といった、命あったものをいただくことに真摯に向き合い、感謝と敬意をもつことが、食事であるといえます。そして、この思いがあれば、自然と「命を無駄にせず、きれいに食べよう」という気持ちになれるのです。

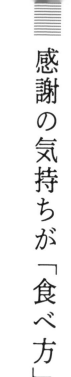

料理にかかわるすべての人々に感謝する

どんな料理にも多くの人たちが関わっています。ともに食事をする同席者や料理人、サービスをしてくれるスタッフはもちろん、食材や食器などを作り、流通させる方々……。すべての人々の存在に、感謝と敬意を抱き、その人たちのプロフェッショナルな「技」にも感謝と敬意をもてば、それに見合った振る舞いをしようと思えるはずです。

食事をともにする人に感謝する

本書では、食べ方の様子として、「美しい」「きれい」という表現を用いていますが、これは「自分を美しく見せよう」という意味ではありません。食事をともにする同席者へ感謝と敬意を表すためにも、相手が心からおいしく食事を味わえるよう、見苦しい姿を見せない――それこそが「美しい」「きれいな」食べ方であり、最大級の心づかいなのです。

各国の歴史と食文化に感謝する

どの国の食文化も、それぞれの国々で、先人たちが長い年月をかけて培ったものです。本書では、すべての食文化への敬意を込め、各国料理の本国における食べ方も紹介しています。これは日本においても、同じ方法で食べなくてはならないというわけではありません。しかし、食文化への理解を深め、料理を最大限味わうためにも、ぜひ覚えておくとよいでしょう。

食事を楽しむための4つの心得

食事に真摯に向き合うことで楽しさが生まれる

食事に真摯に向き合い、一皿一皿を心から愛することで、おいしさが広がり、食事が楽しくなります。あなたが楽しめば、食事をともにする同席者も「この人と食べると楽しいな」と思ってくれるものです。一方で、あなたが緊張したりして食事を楽しめずにいると、相手も楽しむことができなくなります。そこでここでは、食事を楽しむために心がけたい、4つのポイントをご紹介します。

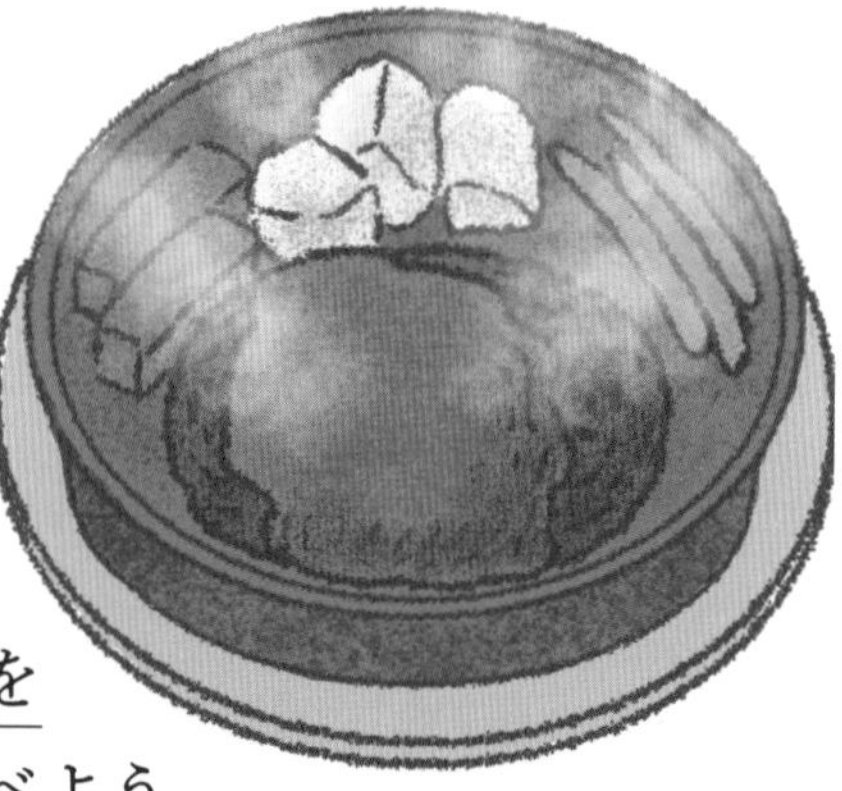

心得1

おいしいタイミングを逃さずに食べよう

あたたかいものは、あたたかいうちに食べるなど、料理のおいしいタイミングを逃さずにいただきましょう。せっかく食べごろを提供してもらっても、話に夢中になって、料理をほったらかしにするのはNGです。また数人で食事をしていて、だれかの食事が先に来たら、「あたたかいうちにどうぞ」「お先にどうぞ」と、声かけしましょう。

心得2 マナーにとらわれすぎず自分に合った食べ方を

マナーにとらわれすぎると、緊張して料理の味がわからなくなってしまうことがあります。マナーはあくまで「感謝」と「敬意」を表す方法ですので、まわりの人にこの気持ちが伝わるのであれば、決まった方法にとらわれる必要はありません。また、マナーは時代や状況により変化します。そのときには食べ方に迷うこともありますが、基本的なことを学んでおけば、諸説ある食べ方においても、その場にふさわしいものを選べるようになります。

心得3 ときには大胆さも！臨機応変な食べ方を

美しく食べることは大切ではありますが、必要以上に堅苦しい食べ方をしてしまうと、食事を楽しめなくなってしまいます。たとえば焼き鳥は、串から外して食べる方法もありますが、カジュアルなお店では、串のまま食べたほうがまわりの雰囲気に合っているだけでなく、焼き立てをそのまま味わう楽しさもあります。このように食べ方にもTPOがあるため、食べ方を臨機応変に使い分けできるといいですね。

心得4 ほかの人の食べ方を非難せず寛容でいよう

きれいな食べ方を学ぶと、ほかの人の食べ方が気になるようになるかと思います。「マナーをご存じないのかな」と目についてしまうのは仕方ないとしても、相手にマイナスの感情を抱いたり、非難したりするのは避けたいものです。マナーはその人の心がけ次第で、だれでも身につけられるものであることを忘れず、人の食べ方には寛容であるようにしましょう。それもまた、「感謝」や「敬意」を表す食べ方の一つです。

知っておきたいきほんのふるまい

「いっしょに食事をしたい」と思われるようなふるまいを

いっしょに食事をするなら、どんな人としたいですか？　食べることに関心があり、心からおいしそうに食べる人であれば、楽しく食事ができそうですよね。また、食べる際のふるまいがスマートな人や、「感じがいいな」と思える人とは、心地よく楽しい食事ができるものです。あなた自身も、相手にとって「いっしょに食べて楽しい人」になれるようなふるまいを心がけてみましょう。

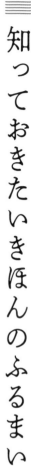

姿勢
にこやかな表情
食べ物を
口に入れて
話さない
顔に髪の毛が
かからない
ヘアスタイル
器に顔を
近づけない
器を持たないとき、利き手ではない手は器の横にそえる
背すじを
のばす
テーブルに
ひじをつかない

スタッフさんとのコミュニケーション

お店のスタッフに**何かしてもらったら、お礼を伝える**ようにしましょう。たとえば、皿を下げてもらうときに「ありがとうございます」「おいしかったです」と一言伝えるだけで、スタッフとの交流が生まれることもあります。会話の最中でお礼が言えないときには、軽く目礼をします。スタッフを呼びたいときには、アイコンタクトで合図をするか、もしくは肩の高さくらいまで手を挙げるのが基本です。

お会計のとき

会食のあとに、テーブルで会計のためのお金をやりとりしたり、個別会計にしてレジで列を作ったりするのは見苦しいものです。**食事会では一人が代表になり、事前に概算を全員に伝え、代金を集めておきましょう。**カジュアルなお店では、食後に代表者が概算で集め、**まとめて支払うのがベスト**。自分でごちそうしたいときは、「ごちそうさせてね」と伝え、支払えばスマートです。

料理を残すとき

料理を残すときは、**紙ナプキンや懐紙などで覆う**か、**皿の隅や右奥にまとめる**ようにします。ふた付きの和食器なら、ふたをするのもOKです。残した料理が見えている状態で下げてもらうときには、「いただききれず、申し訳ありません」と一言添えるようにしましょう。

「一口ちょうだい」はあり？　なし？

食事中に、同席者から「一口ちょうだい」と言われたこと、ありませんか？　じつはこれ、大人のふるまいとしてふさわしくありません。とくにコース料理ではNGです。それでも「一口ちょうだい」と言われたら、断るのも角が立ちますので、取り皿に分けるといいでしょう。反対に「一口食べる？」と言われたら、「ありがとう。お気持ちだけいただきます」と笑顔で辞退しましょう。

五感を使って食事をしましょう

味覚以外の「五感」でも味わいが決まる

食事を味わうためには、あらゆる五感を意識するようにしましょう。味の多くは、味覚だけでなく嗅覚によっても決まるとされており、盛りつけなどの視覚情報でも味わいが変わると考えられています。また、強い香水や露出の多い服装、咀嚼音などの五感に伝わるものが、味わいを阻害してしまうことも。自分の所作などが、まわりの人の「五感」を邪魔していないか、気を配ることも大切です。

視覚

食事中には「見られている」という意識をもつ

食事の際には、同席者やスタッフなどの「目」があることを忘れずに。装いや所作、ふるまい、食事中・食後の皿の上など、いずれも「見られている」ことを意識して、見苦しくならないように心を配りましょう。

見えるものすべてを目と心で味わう

料理はもちろん、店内の装飾の美しさや同席者の笑顔など、目に見えるものすべてが「ごちそう」です。それらを目と心でしっかりと味わえば、食事の時間がより幸せなものとなります。

聴覚

相手が話しやすいように「聞き上手」になろう

食事の席では、聞き上手でいましょう。こまめに質問し、頷き・あいづちをするなど、相手が話しやすいように配慮を。スタッフからの料理の説明も、しっかり聞きましょう。

ノイズはNG！自分の「音」に敏感になろう

どの国の食事でも、食事で音を立てるのはNGです。歩くときや椅子を動かすときなど、食事以外の音にも気を配りましょう。また、会話も「音」の一つ。明るく、軽やかな会話を心がけましょう。

嗅覚

味わいの邪魔になる香り・においはNG

強過ぎる香水や柔軟剤の香りは、料理の香りを邪魔するだけでなく、同席者を不快にさせてしまうことも。汗などのにおいケアも万全にして、心地よく食事ができるようにしましょう。

料理や空間の香りを存分に楽しむ

料理の味を決めるのは、嗅覚であるともいわれています。素材やだしの香りなどは、感じるごとに料理がおいしくなります。また、檜のカウンターの香りなど、空間の香りもお店を訪れる際の楽しみの一つです。

触覚

食器に触れる際には製作者への敬意をもつ

食事中は、触れるものすべての感覚を味わい、大切に扱いましょう。手に持つ器やグラスは、その感触を味わい、製作者の仕事に敬意をもちましょう。そうすれば自然と、扱いがていねいになります。

口の中での料理の感触を大切にしよう

やわらかさや歯応えなど、料理を口に入れたときの感覚を十分に味わいましょう。また、噛むことで消化も促進されますので、胃腸に負担をかけないためにも、よく噛みましょう。

味覚

料理に込められたストーリーを味わおう

料理にこめられたストーリーを味わうようにしましょう。たとえば日本料理では、エビを老人に見立て、長寿を祈る食材として扱います。このような願いや思いを読み取り、味わうことも、食事の楽しみの一つといえます。

食べて感じた味わいを言葉にしよう

「甘くておいしい！」「パリパリして香ばしい」など、食べて感じた味覚をそのまま言葉にすれば、味わいが何倍にも膨らみ、食事のよろこびを同席者とシェアすることができます。

きれいな食べ方セルフチェック

きれいな食べ方は、だれでも身につけられ、
実践できるものです。
まずは、今のあなたの食べ方をチェックしてみましょう。

- [ ] お箸は正しく持つことができますか？
「嫌い箸(誤った使い方)」をしていませんか？
- [ ] ナイフ、フォークをきれいに
持つことができますか？
カトラリーを使う順番がわかりますか？
- [ ] コース料理の食べ方を
知っていますか？
- [ ] 器にご飯粒を残さずに
食べることができますか？
- [ ] 音を立てて食べていませんか？
- [ ] 口にものを入れた状態で
おしゃべりしていませんか？
- [ ] 一口サイズで食べていますか？
- [ ] 懐紙の使い方を知っていますか？

- □ 食事中、背すじは伸びていますか？
器に顔を寄せていませんか？
- □ 食事中、利き手ではない手は
器に添えていますか？
- □ 「いただきます」「ごちそうさま」を
言っていますか？
- □ お店にふさわしい服装をしていますか？
- □ 強すぎる香水をつけていませんか？

体験談
いつからでも
きれいな食べ方は始められます

何歳からでも身につけられる美しい食べ方は、
自分を大切にするための方法であり、人生を変えるきっかけにもなります。
私の講座を受講された方からも、うれしい声が届いています。

年齢を重ねてきたものの、これまで正しい食べ方を学んだことがなく、恥ずかしいと思ってきました。「きれいな食べ方」を知り、一歩前に進めた気がします。(50代・女性)

今まで敷居が高いと思っていたお店にも行けるようになり、行動範囲が広がりました。(40代・女性)

見苦しくない食べ方や、女性への適切な接し方がわかり、うれしかったです。おかげで、気になっていた女性をデートに誘い、うまくエスコートすることができました。(20代・男性)

美しい食べ方には、愛と感謝が込められていることがよくわかりました。食事にていねいに向き合うようになったら、長年悩んでいた肌荒れがよくなり、前向きな気持ちで過ごせるようになりました。(20代・女性)

食事での所作を美しくすることで、自信がもてるようになり、食事も一層楽しくなりました。(30代・女性)

食事の意味を深く知ることができたおかげで、高級レストランのメニューの内容やサービスの意味がはっきりとわかるようになり、食事をするのが楽しくなりました。(20代・女性)

かつては食事中にも仕事の連絡をチェックしていましたが、食事に集中するようになりました。すると、食事と仕事との区切りをつけられるようになり、仕事のパフォーマンスが上がったのです。(30代・男性)

きれいな食べ方を知ってから、会社の飲み会やプライベートの食事会でも、失礼のないふるまいができるようになりました。数秒で終わるような所作の中にも、細かい作法があると知ることができました。(20代・女性)

Chapter 1

和食のきれいな食べ方

箸の正しい持ち方や食事の作法など、
知っておきたい和食のあれこれをご紹介します。

知っておきたい和食のきほん

四季と自然を融合させた地域色豊かな食事

和食とは、日本風の食事のことです。「和食」は「日本料理」とも呼ばれますが、両者に厳密な違いはありません。ご飯を中心にし、だしの旨味を効かせ、発酵食品を使った味わいが特徴です。豊かな自然に恵まれた日本では、各地域ならではの食材を活かした和食が育まれてきました。年中行事や伝統を尊重した料理であることから、「和食」は2013年にユネスコ無形文化遺産の認定を受けています。

和食とは

農林水産省は、日本文化の一つである和食の特徴として、次の4つを挙げています。

1 多様で新鮮な食材を使う

日本各地では、それぞれの地域に根差した多様な食材が、和食に用いられています。また、素材の味わいを活かす調理技術や調理道具の発達も見られます。

2 健康的な食生活がかなう

栄養のバランスがとれる「一汁三菜」や、動物性油脂の摂取を減らせる「旨味」の活用など、和食は日本人の長寿や肥満防止の要因となっています。

3 自然や季節を料理で表現

旬の食材を用いるのが基本である和食では、料理の味わいだけでなく、飾りつけや器などでも、自然の美しさや四季の移ろいを楽しむことができます。

4 年中行事との関わり

自然の恵みである食材に健康や長寿の願いを込め、季節の節目ごとに食べるなど、和食は年中行事と密接にかかわりながら発展しました。

和食の種類

精進料理

曹洞宗の開祖・道元が確立した料理で、生き物を殺す「殺生」を避けるため、肉や魚介類を使わない菜食料理です。また、にんにくやにらといった、「五葷」と呼ばれる香りの強い野菜も用いません。

本膳料理

室町時代に成立した格式の高い料理で、日本料理の基礎となりました。ご飯と汁物がセットになった「一汁」と、お造りや煮物、焼き物などの料理3つ以上の「三菜」が、高足膳で提供されます。

普茶料理

江戸時代初期に来日した隠元禅師によりもたらされた精進料理の一つで、ごま油やくずなどを使った濃厚な味付けが特徴です。座卓に4人で座り、大皿に盛られた料理を分け合って食べます。

会席料理

宴会などで客をもてなすための、和食のフルコースともいえる料理です。献立どおりに料理が1品ずつ運ばれてくることが多いですが、最初からいくつもの料理が並べられることもあります。

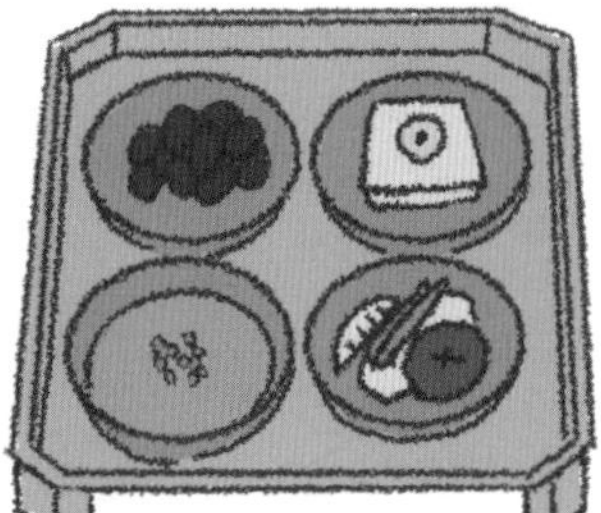

懐石料理

茶道の祖である千利休が、茶席の前の軽めの食事として確立しました。一汁三菜の質素なおもてなしの料理で、煮物などは個々に配膳されますが、焼き物などは盛り皿や鉢から取り分けます。

和食の配膳・食器の名前

「一汁三菜」を基本に左側を上位にして

食の基本的な配膳は「一汁三菜」で、ご飯と汁物（一汁）を中心に、主菜・副菜・副々菜（三菜）で構成されます。器の配置は、日本古来の「左上位」（位の高いものを左側に置く）をもとにし、もっとも神聖である米（ご飯）を左手前に、右手前に汁物を置きます。副菜と副々菜は、箸を右手で持ちながらも器を扱えるように左奥に、主菜の大きな器は持ち上げないため、右奥に置きます。

基本の配膳

「左上位」の考え方をもとに、もっとも上位の米（ご飯）は左手前に、汁物は右手前に置きます。おかずはその奥に、左から副菜・副々菜・主菜の順番で並べましょう。箸は箸先を左にして、箸置きに置きます。

魚の配膳

尾頭付きの場合は、頭を左に置きます。切り身の場合、皮を奥にして、身の厚いほうを左にします。刺し身を盛るときは、種類・数ともに奇数にします。

麺類の配膳

麺の器（せいろやざるなど）は左側に、つけ汁は右手前に置きます。漬物や薬味などの副菜は右奥に、天ぷらなどの主菜はその右側最奥に置きます。

器の種類

平皿

おもに主菜・副菜・副々菜を盛りつけるための皿です。サイズや形によって、大皿・中皿・小皿・豆皿・角皿と呼び名が変わります。

鉢

皿よりも深さのある器で、汁気のある料理を盛るのに向いています。主菜・副菜・副々菜の盛り付けに使われることが多いです。

煮物椀

汁椀よりもやや大ぶりの、ふた付きの椀です。デザインや柄の美しいものが多く、煮物や茶碗蒸しを入れるのに使われます。

飯碗

ご飯を食べるための器で、「茶碗」と呼ばれることもあります。ふた付きのものは、おもてなし用にも使えます。

丼

飯碗よりも一回り大きく、厚手で深さのある器です。丼ものや麺類に使います。丼ものでは、ふた付きのものが用いられることも。

汁椀

汁物を盛るための器です。保温性がありながら、持つ手に熱を伝えにくく、軽量であることから、木製のものが多く使われます。

箸の正しい使い方

ふだんの持ち方・使い方が正しいかチェックして

　日本で箸が使われるようになったのは、弥生時代末期と考えられています。当時は一本の細く削った竹を折り曲げたピンセット状の「折箸」で、神前での儀式用でした。現在のような2本一組の箸は、飛鳥時代の遣隋使によって中国からもたらされ、やがて一般の食事にも用いられるようになりました。ふだん何気なく使っている箸だけに、正しい持ち方・使い方ができているかをチェックしてみましょう。

基本の持ち方

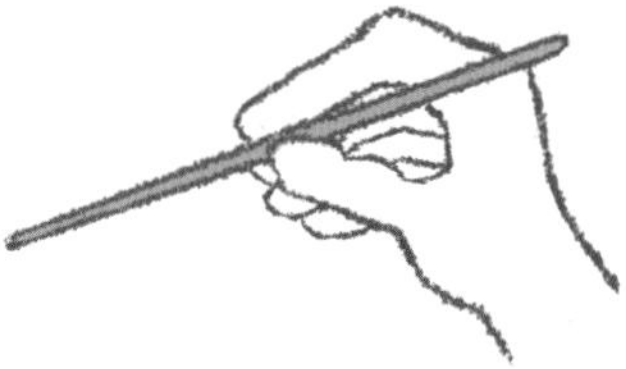

片方の箸を、ペンを持つように親指・中指・人差し指で持ちます。もう一方の箸は、薬指の第一関節の上をすべらせながら、3本の指でできた輪にくぐらせ、親指のつけ根ではさみます。

箸の取り方

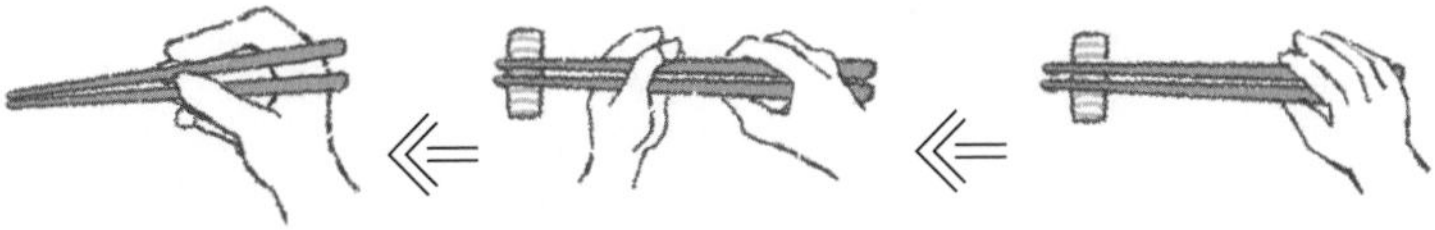

右手で、箸をつまむようにして取ります。親指・人さし指・中指の3本を使うことを意識します。

左手を箸の下に添えます。

右手を箸の頭へとすべらせ、下側に移動させたら、箸を正しく持ち、左手を離します。

箸の置き方

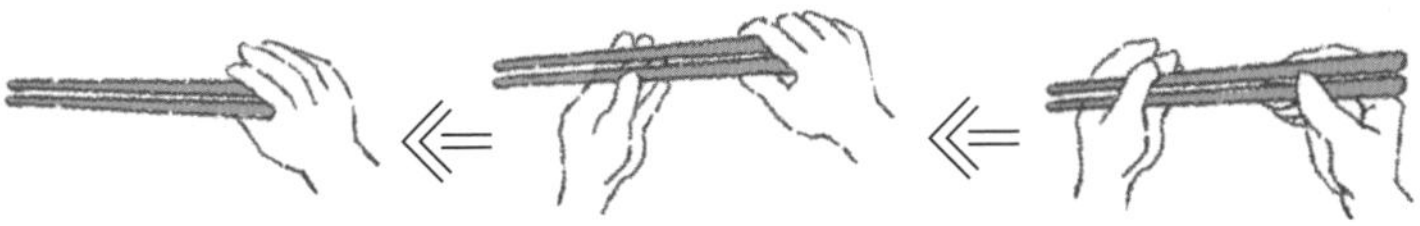

右手で箸を持ったままで、左手で下から支えます。

右手を箸の頭へとすべらせ、上側に移動させたら、箸の中ほどを3本の指で持ちます。

左手を離し、右手で箸を静かに置きます。

椀や器を持つとき

両手で器を持ち上げます。

器から右手を離し、箸を取ります。

器を持った左手の中指で箸先をはさみ、右手をすべらせ、箸を下から持ちます。

箸のNGマナー16

不快さや縁起の悪さを感じさせないために、
不作法とされている箸使いがあります。

握り箸

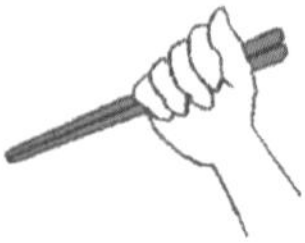

2本の箸を握って持つこと。箸を置かずにお椀のふたを開けようとすると、この持ち方になることも。

渡し箸

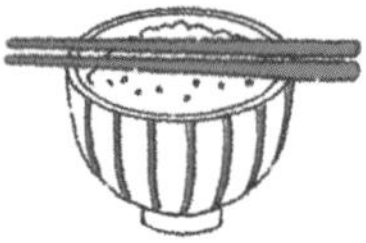

食事の途中に、箸を食器の上に渡して置くこと。
食事の終わりを示す置き方であるため、食事を片づけられてしまうことも。

振り上げ箸

箸先を手の甲よりも高く上げたり、話をしながら振り上げること。

寄せ箸

器の中に箸を引っかけて、自分のほうに寄せること。

ねぶり箸

箸を舐めること。箸の汚れが気になったら、舐め取らずに懐紙で拭うようにしましょう。

刺し箸

箸を料理に突き刺して食べること。
里芋など、箸でつかみにくい食材を取るときに行いがちなNGマナーです。

もぎ箸

箸についた米粒などを口でもぎ取ること。食材の付着を防ぐには、最初に汁物をいただき、箸を湿らせておきましょう。

涙箸

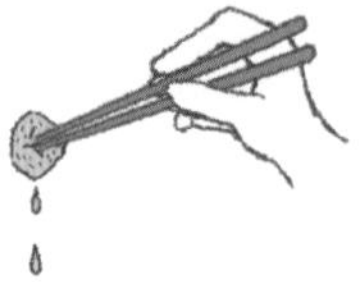

箸でつまんだ料理や箸の先から、汁をポタポタと垂らすこと。

逆さ箸

料理を取り分ける際、箸を上下逆さにして使うこと。取り分けには、取り箸を使うのがマナーです。

ちぎり箸

箸をナイフとフォークのように両手で1本ずつ持ち、料理をちぎること。

持ち箸

箸を持った手で、同時に器も持つこと。器は箸を一度置いて持つか、箸を持っていないもう一方の手で持つようにします。

スマホ箸

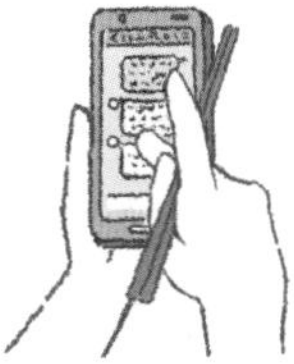

箸を持った手で、スマートフォンの画面をスワイプすること。

迷い箸

どの料理を食べようかと迷い、料理の上で箸をあちこちと動かす所作。「惑い箸」「なまじ箸」とも呼ばれます。

探り箸

器や鍋の中の料理を箸でかき回し、具材を探ること。

くわえ箸

箸をくわえること。
または箸を口にくわえたまま、食器を持つことを指します。

かき箸

食器の縁に口を当て、箸でかき込むこと。または、箸で頭をかく所作を指します。

日本料理店でのふるまい方

座敷に上がることを考え服装や所作に気配りを

和食を提供する店を訪れる際には、服装は場面に合ったものを選びましょう。靴を脱いで座敷に上がることも少なくありませんので、履物は中敷きもきれいにし、靴下やストッキングにも気をつかいましょう。和食の醍醐味である香りを楽しむために、香水はつけないのがベスト。長いネックレスや大ぶりの指輪など、器に当たりそうなアクセサリーは避けるか、外しておきましょう。

服装

食事のシチュエーションに合わせた服装を心がけましょう。正座をすることもありますので、短すぎるスカートは避けたほうが無難です。

予約のとり方

予約時に食事の目的を伝えれば、店側はそれに合った対応をしてくれます。また、アレルギーの有無や苦手な食材があれば伝えましょう。

入店・入室のときのふるまい

靴を脱ぐ

靴は玄関を入ったままの向きで脱ぎ、振り返って揃えます。店内にお尻を向けて脱ぐのはNG。靴を脱いだあとで、お店の人に「そのままでどうぞ」と言われたら、靴を揃えるのをお任せしてもOKです。

座布団には跪座《きざ》で座る

座布団の下座（出入り口に近いほう）で跪座（つま先を立て、かかとをお尻にのせた姿勢）になったら、握りこぶしで体を支えつつ、両膝を座布団の上に乗せ、膝を少しずつ前に進めます。座布団を踏みつけて座るのはNG。

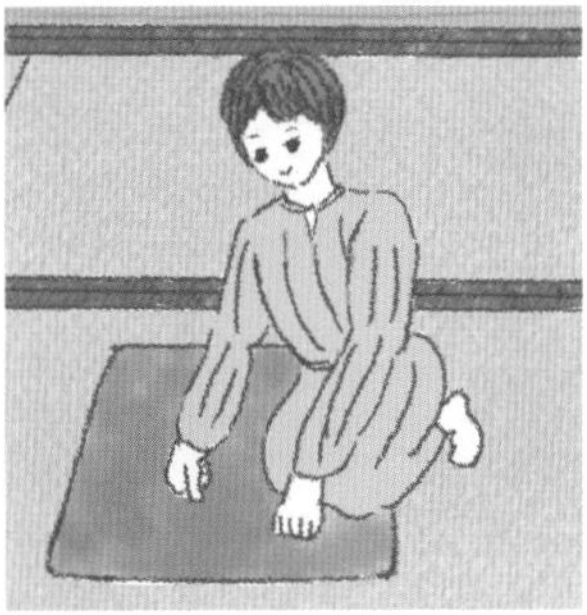

敷居を踏まない

敷居は、もともと一家の主の象徴である家の大黒柱とつながっていました。そのため、敷居を踏むのは主を踏むのと同じとして、不作法とされています。

畳のへりを踏まない

かつて、畳のへりには家紋を入れる習慣がありました。そのため、へりを踏むことは家紋を踏む行為であるとして、現在でも不作法とされています。

コース料理の流れと食べ方

会席料理の流れと各料理の食べ方を覚えよう

和食の中でも、ここでは会席料理の流れと食べ方をご紹介します。全体の流れとしては、最初にお通しである「先付」が出てきます。その後、基本の一汁三菜として、「椀物」「お造り」「煮物」「焼き物」が続きます。以降は、コースによって「揚げ物」「蒸し物」「酢の物」が加えられ、ご飯・味噌汁・香の物で構成された「お食事」、そしてデザートの「水菓子」で終了となります。

会席料理の流れと食べ方

先付

お通しとして最初に提供されます。肴の盛り合わせであることが多く、食材の彩りを目でも楽しめます。

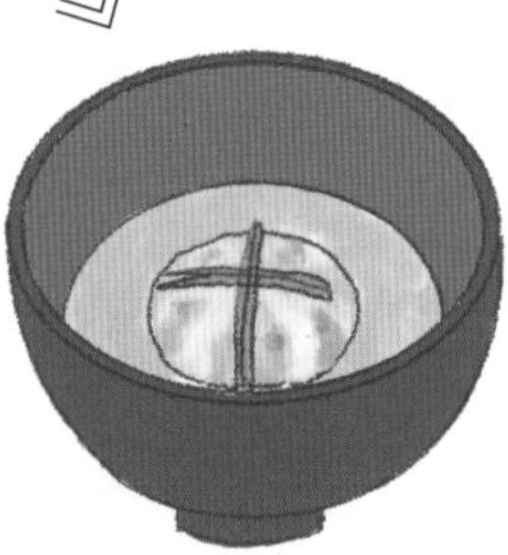

椀物

すまし汁仕立ての汁物です。目上の人や主賓がふたを開けてから、いただくようにします。

お造り

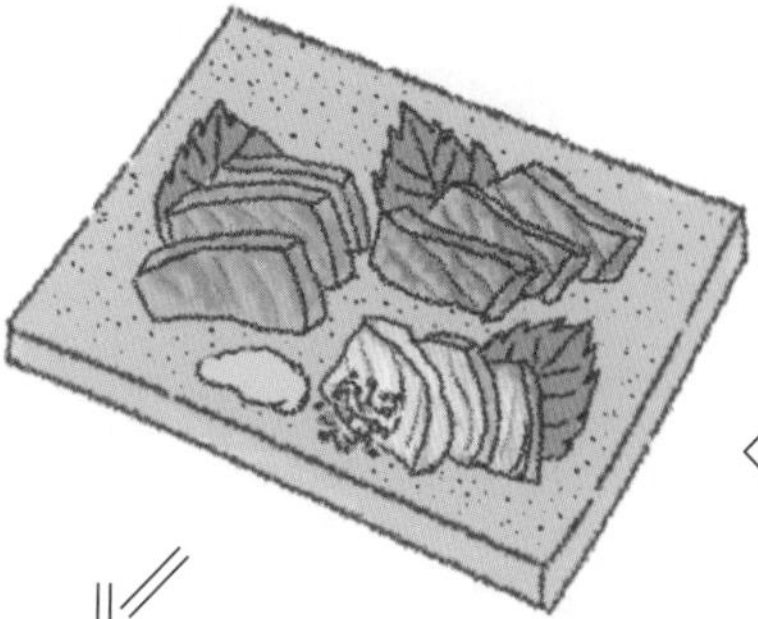

淡白な味わいの白身や貝を食べてから、赤身を食べるのが一般的です。

煮物

旬の素材を使った煮物を食べる際には、汁が垂れて「涙箸」にならないように注意。汁は懐紙で受けてもOKです。

焼き物

旬の魚介類を焼いたものです。焼き魚のほか、ホタテの貝焼きや有頭エビの焼き物、肉料理が提供されることもあります。

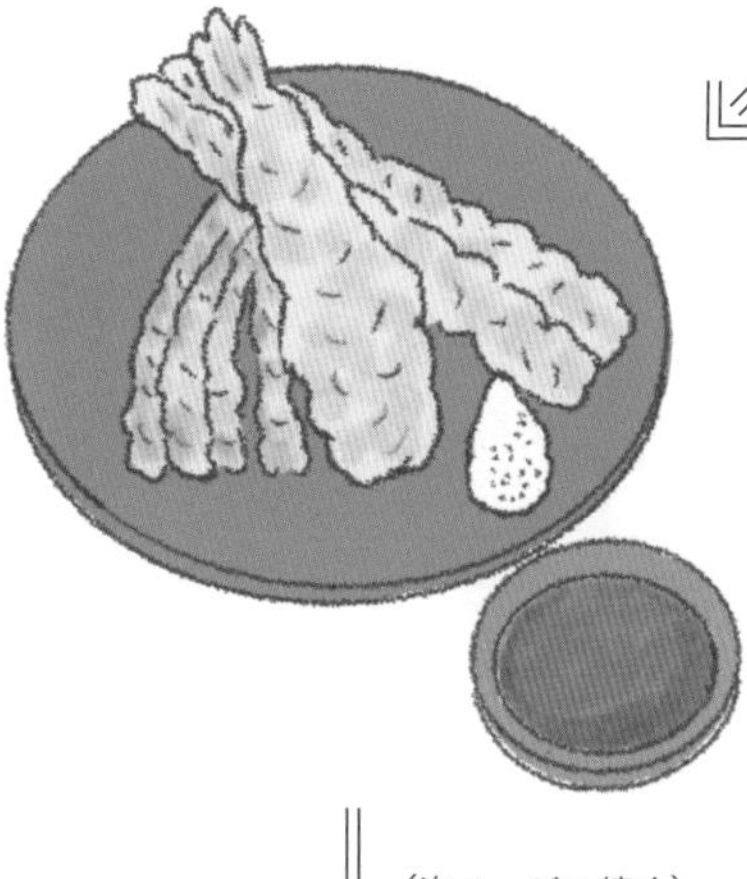

揚げ物

旬の素材の天ぷらなどが提供されることが多いです。盛りつけを保つためにも、手前から食べ進めましょう。

（次ページへ続く）

(前ページから続き)

蒸し物

蒸し物の代表的な料理は、茶碗蒸しや酒蒸しです。箸で食べにくい場合には、匙(スプーン)がついてくることもあります。

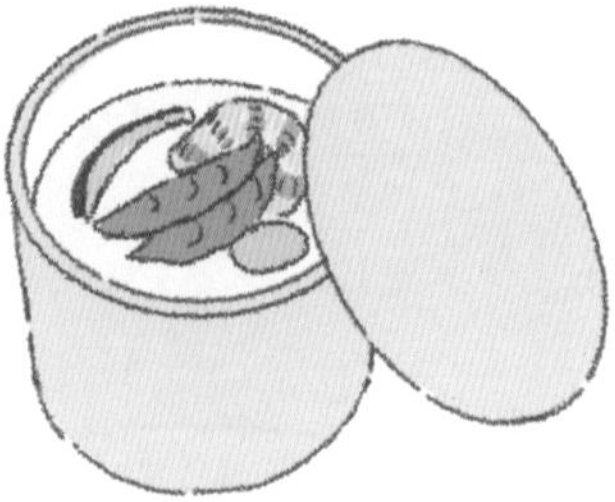

酢の物

口直しとして食べるものです。梅肉や酢味噌が添えられている場合は、具材と混ぜ合わせたりせず、食べるごとに具材につけましょう。

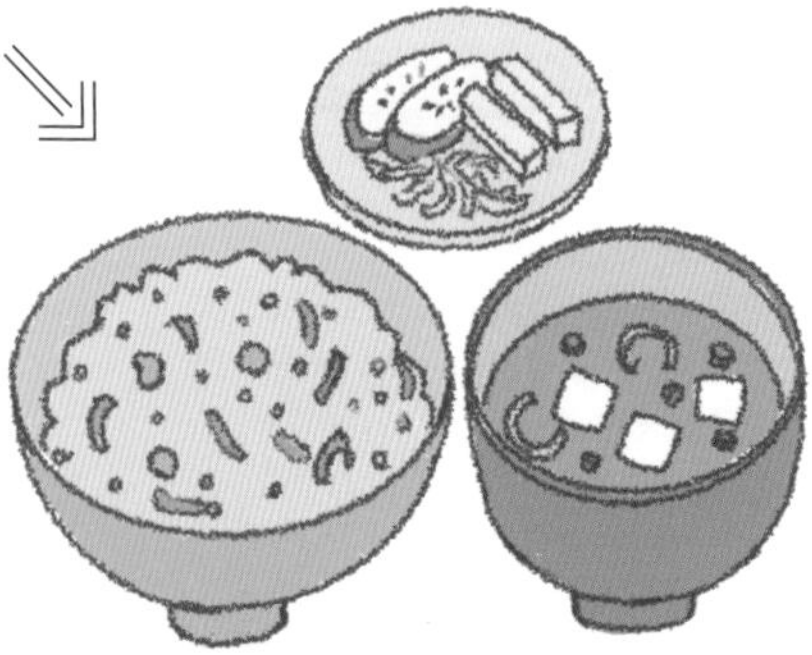

お食事

ご飯と「止め椀」と呼ばれる味噌汁、香の物が提供されます。「お食事のご用意をしてよろしいですか」と聞かれたら、お酒は飲み終えるようにします。

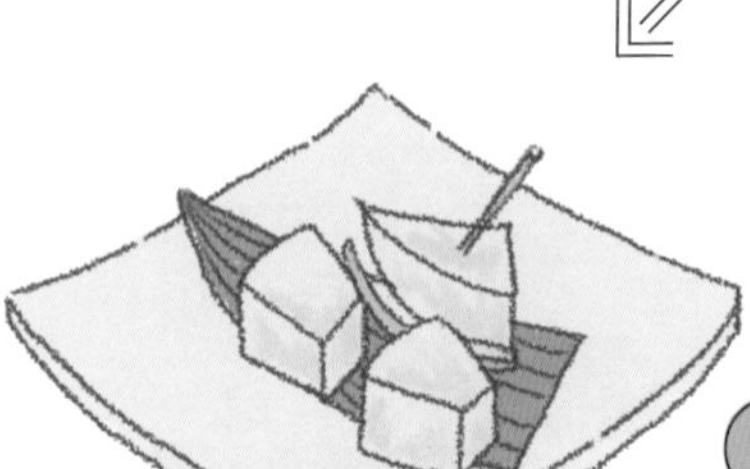

水菓子

旬の果物や、果物を使ったデザート・甘味が提供されます。

席次

会合や接待などでの席順を「席次」といいます。席次には、目上の人やお客様などが座る「上座」と、上座の人をもてなす人が座る「下座」があります。

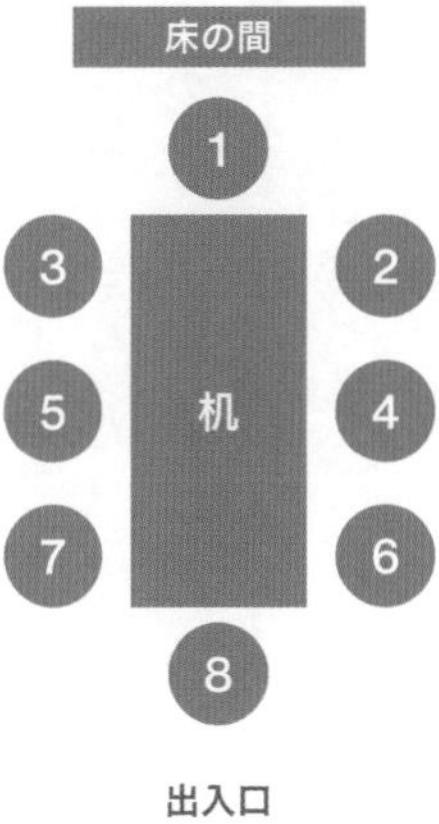

出入口からもっとも遠い席が上座、もっとも近い席が下座です。和室では、床の間に近い席が上座です。床の間を背にする席がない場合は、床の間に近い席が上座となり、床の間に向かって右側がもっとも上位の席です。

やってしまいがちな NG

食べ終わった皿は重ねない

お店の人への気づかいであったとしても、食べ終わった皿を重ねるのはNG。皿はそのままにしておきましょう。

食べかけの物は皿に戻さない

一度かじった料理を皿に戻すのはNG。あらかじめ一口で食べきれる量に切ってから、口へと運びましょう。

手皿

箸で持った料理がこぼれないように、手のひらを皿代わりにする「手皿」は不作法の一つです。汁が垂れるのが気になるときは、皿を持つようにします。

にぎり寿司

堅苦しくならず好きなネタをサッといただく

にぎり寿司が登場したのは、江戸時代後期のこと。当時は屋台で出され、手でサッと食べられる食事でした。そのため、手と箸、どちらで食べても大丈夫。ただしネタによって使い分けをせず、どちらかの方法だけで食べましょう。お寿司を握ってもらったら、すぐにいただくのもマナーの一つです。

お寿司のオーダー方法には、おすすめを握ってもらう「おまかせ」と、好みのものを注文する「お好み」があり

食べ方

箸でつまみ、左に倒します。左利きの場合は、右に倒します。

ネタ側と酢飯側に箸を当て、はさみます。

持ち上げたら、ネタだけに醤油をつけて口に運びましょう。醤油が垂れそうなときは、醤油皿を持ってもOKです。

ます。「お好み」の場合、どんな順番で注文しても職人さんは不快に感じませんので、そのときに食べたいものをオーダーしましょう。また、「おあいそ」「あがり」といった符丁は職人用語なので使いません。ただし、「ネタ」や「シャリ」などの一般的になっている言葉は、使っても問題ありません。

NG

にぎり寿司は一貫を一口で食べるのが基本ですので、箸で切るのは避けてください。どうしても一口で食べきれないときは、かじったものを皿に置いたりせず、箸（または手）で持ったまま食べきりましょう。

◀ 手で食べるとき

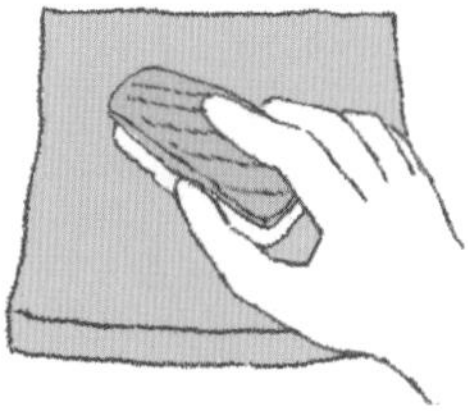

親指と中指で両側をはさみ、人さし指をネタの上にのせて持ちます。

◀ 軍艦巻き

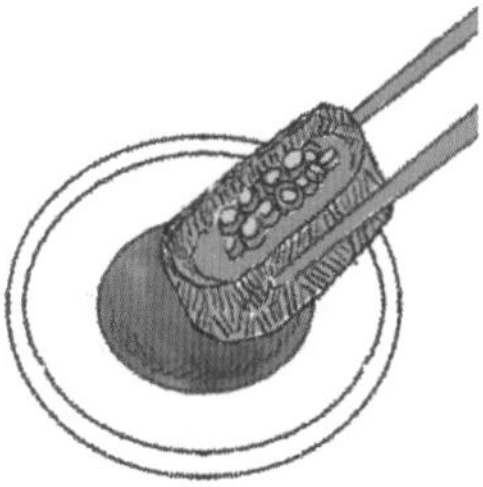

海苔の部分に醤油をつけて食べましょう。ガリに醤油をつけてネタに塗る方法もありますが、ガリの風味がうつってしまうことがあります。

ちらし寿司は？

酢飯の上ににぎり寿司のネタをのせたちらし寿司は、手前からバランスよく食べるのが基本。ネタに直接醤油をかけるとからくなるので、まずは一つのネタにわさびを適量のせ、取り出して醤油皿で醤油をつけます。それを器の中に戻したら、酢飯といっしょにいただきます。

巻き寿司は？

手で食べてもOKです。太巻きの場合、海苔の部分をはさんで持ち、卵焼きなど崩れにくい具材のある側から食べましょう。

焼き魚（一尾）

和食

食べ方だけでなく
食べ終わりの美しさも大切

魚をそのままの姿で焼いたものを「尾頭付き」と呼びます。これは神様にお供えしていた魚を、お祝い事の料理に取り入れたもので、頭から尾までそろった姿から「最初から最後までまっとうする」という長寿の願いも込められた料理となりました。お祝いの席での鯛や、ふだんの食事でのアジやサンマなど、いずれも美しく食べるのは難しいですが、コツをつかみ、スマートな食べ方を身につけましょう。

食べ方

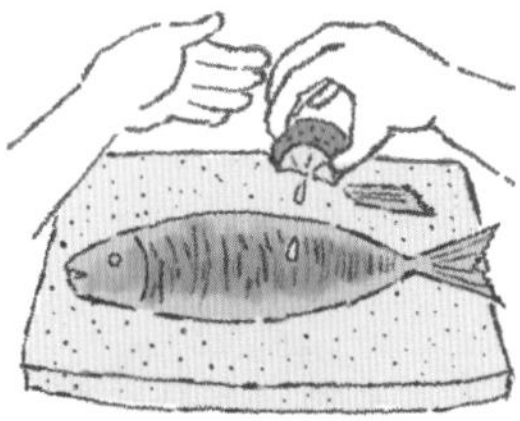

胸びれがあれば箸で外し、右上に置きます。すだちなどの柑橘類を、果汁がはねないように手で覆いながら絞ります。

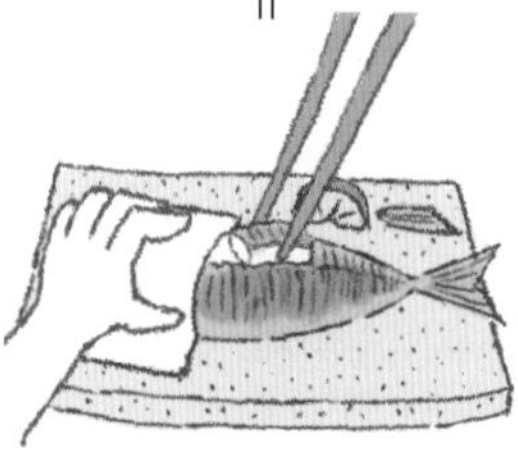

頭を押さえ、中骨の上の身を骨に添って軽くほぐします。懐紙を使えば、頭を押さえるときに手が汚れません。

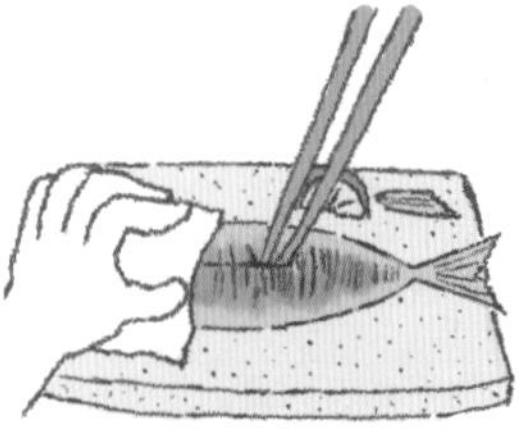

背中側の身を、頭から尾へと向かって食べ進めます。腹側の身も同様に食べます。

開き は？

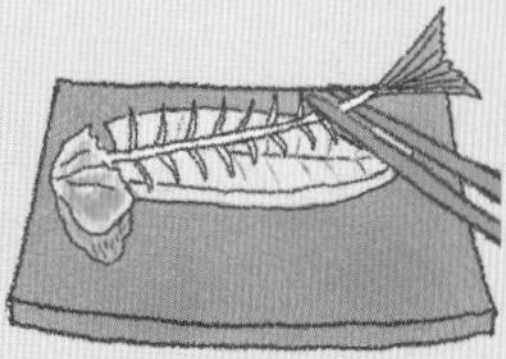

尾頭付きと同様に、裏返さずに食べ進めます。中骨のない手前側の身を食べ終えたら、箸で尾を持ち上げ、頭のつけ根で中骨を折り、外して奥側の身を食べます。それぞれの身は、頭から尾へと、大きめに身を取りながら食べます。中骨に残った身は、箸で削ぎながら食べます。皮も食べられますが、トゲトゲしたぜいごがある場合は、箸で外しましょう。

切り身 は？

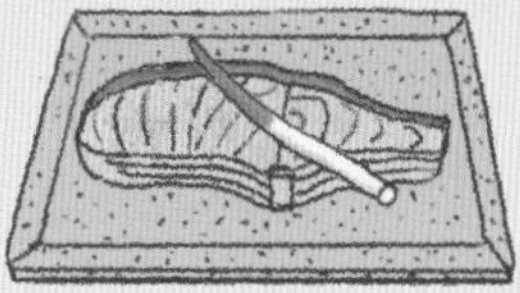

左から右へと、一口大に切って食べ進めます。皮は食べても残しても、どちらでもOKです。大きな骨がある場合は、先に外します。口直しとして添えられているはじかみ（生姜）は、白くやわらかい部分だけを食後に食べます。

上の身を食べ終えたあとに、魚を裏返してはいけません。中骨の下に箸を入れて浮かせたら、頭と中骨を持って外し、皿の奥に置きます。中骨が外れないときは、箸で尾を持ち上げ、骨を折って外しましょう。

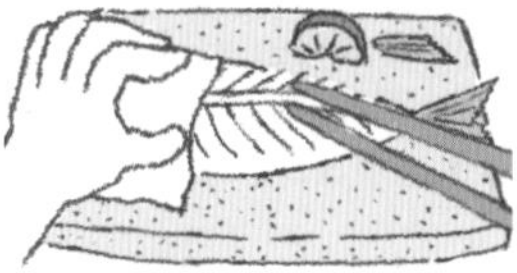

下の身も、上の身と同様に背中側→腹側の順番で食べ進めます。

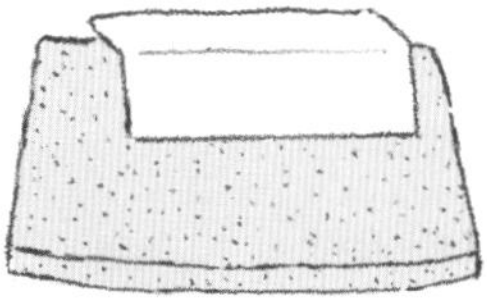

皿の奥にまとめた頭や骨は、懐紙で覆い隠せば見苦しくありません。懐紙がない場合は、柑橘類や、かいしき（飾りの葉など）を上にのせましょう。

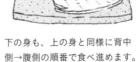

煮魚

魚の種類によって味わいが異なる

煮魚とは、魚を煮込んで味付けした料理のことです。和食の定番ともいえるメニューですが、魚の種類によって味わいが異なります。キンメダイやカレイなどの白身魚であれば、淡白な風味を活かすため、だしをうまく効かせたさっぱりとした味わいに。一方でサバやアジなどの青魚の場合は、魚の風味を感じやすいものの、くさみが強いため、醤油などの調味料でしっかりと味付けされます。

食べ方

ヒレを取ったら、中骨に沿って頭から尾へと切れ目を入れます。飾り切りがあれば、そこから皮をはがしましょう。

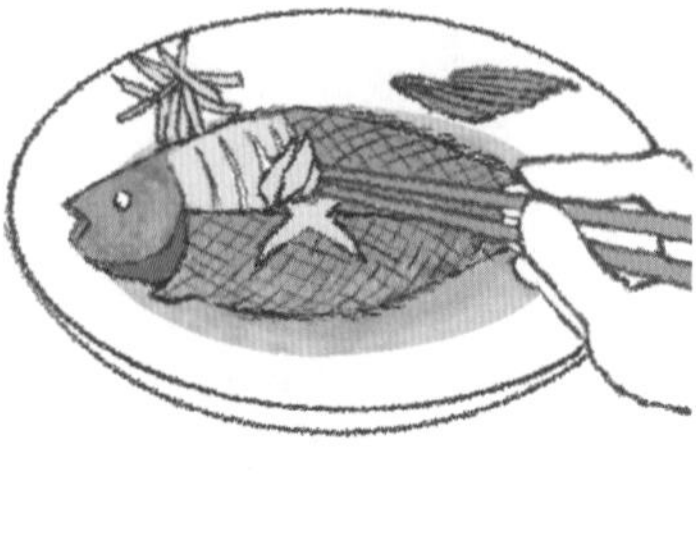

上の身の背中側を食べます。崩れやすいので、箸ですくうようにして身を取ります。細かい身は箸で集め、まとめて取りましょう。

切り身は?

切り身の場合は、左側から一口ずつ切って食べ進めます。皮を食べない場合は、最初に外して皿の奥に置きましょう。大きな骨も最初に外します。

煮こごりは?

煮こごりは、魚や肉の煮汁を冷やし、ゼリー状に固めた料理です。箸で一口分ずつ切って食べますが、滑りやすいからといって箸で刺すのはNG。箸を大きめの具(うなぎなど)に当てるようにして持つと滑りにくくなります。室温で温まると形が崩れやすいため、提供されたら早めにいただきましょう。

中骨を折って外し、皿の奥に小骨といっしょにまとめて置きましょう。なお、魚を裏返して食べるのはNGです。

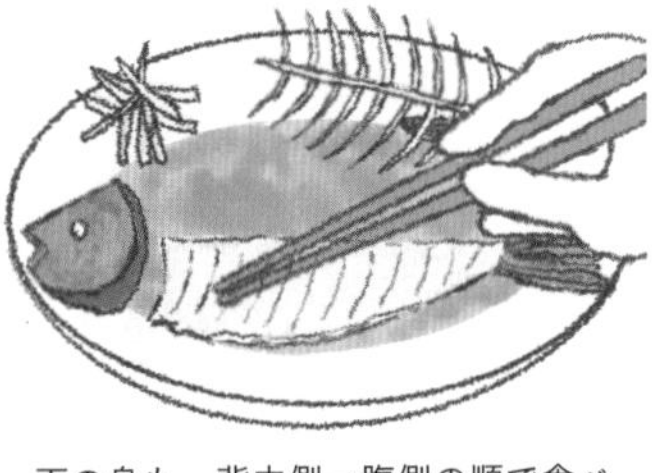

下の身も、背中側→腹側の順で食べます。目玉や目のまわりのゼラチン質、頭の頬の身も食べることができます。

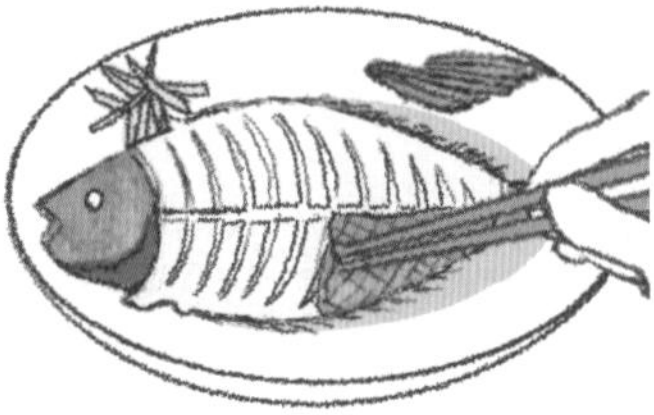

上の身の腹側を食べます。縁側は皮ごと口に入れ、小骨の間の身を吸って食べます。小骨は懐紙で口元を隠し、取り出しましょう。

手羽先唐揚げ

スッと骨を取れば
スマートな食べ方に

手羽先はニワトリの羽の先端部分で、ゼラチン質や脂肪が多く、コクのある味わいが特徴の部位です。手羽先を使った代表的なメニューといえば、名古屋名物としてもおなじみの、手羽先の唐揚げです。スパイスの風味やパリパリした皮の食感がクセになりますが、骨が多いうえに、手や口のまわりが汚れやすいのが困りもの。まずは、骨をスムーズに取り除く食べ方をマスターしましょう。

食べ方

手羽先がV字になるように、右手で細いほうを、左手で太いほうを持ちます。

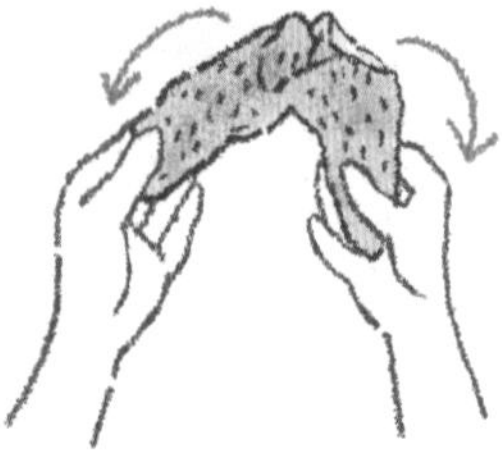

左手で関節をしっかり持ち、細いほうを関節から外すように下へと折り曲げます。

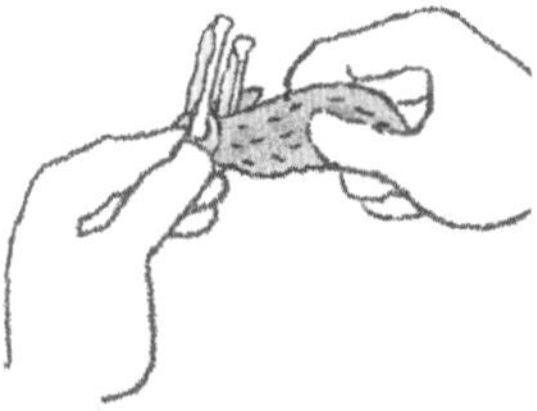

関節が上になるように持ちかえます。右手で細いほうの根元を押さえながら下に引き、肉を2本の骨から外します。

和食

豆知識

手羽中は、手羽先の関節から先を取り除いた部位のことです。骨についた肉に旨味があり、スーパーでは「鶏スペアリブ」として売られていることもあります。手羽元はニワトリの腕の根元部分で、煮込み料理に使えば、肉と骨から出る旨味を味わえます。どちらもよく動かす部分であるため、肉質が引き締まっているのが特徴です。

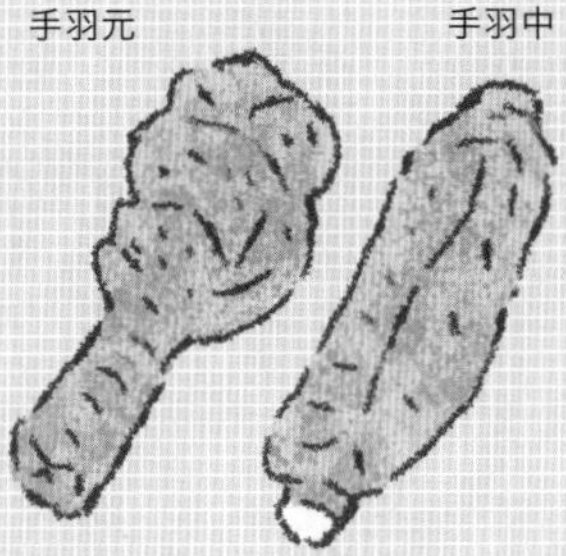

または…

手羽先の関節を下にして、右手で細いほうを、左手で太いほうを持ちます。

細いほうを動かして関節を折り、切り離します。

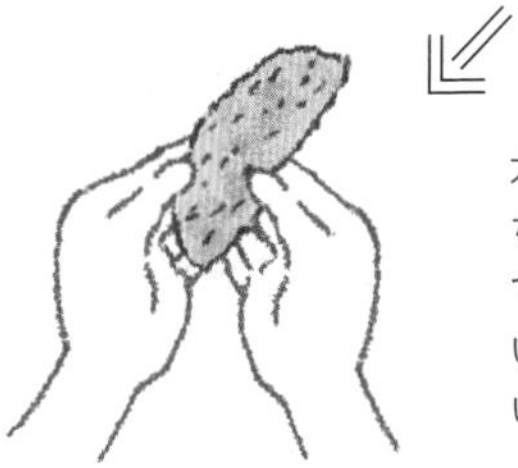

太いほうを両手で持ち、全体を口に入れて食べます。骨を引いて食べると、きれいに肉が外れます。

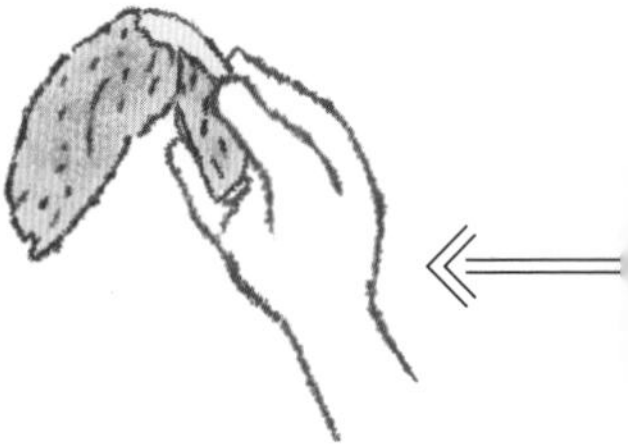

細いほうを持ち、骨から外した肉をいただきます。骨に残った肉は、骨ごと口に入れ、骨を手で引いて食べましょう。

POINT

細いほうは食べる部分が少ないため、食べにくい場合などには残しても問題ありません。

焼き鳥

居酒屋では串のまま改まった席では串から外して

焼き鳥は、串に刺した鶏肉を直火で焼き、塩またはタレで味付けするという、非常にシンプルな調理法のメニューです。シンプルさゆえに、鶏肉の部位によって異なる味わいを堪能できるのが、焼き鳥の楽しみの一つといえます。食べる際には、串のまま食べるか、串から外して食べるかで迷うところですが、お店や場の雰囲気を壊さないように、TPOに合わせた美しい食べ方を実践しましょう。

食べ方

▼串のまま食べるとき

居酒屋などのカジュアルなお店であれば、串のままいただきましょう。肉の旨味を逃さないで食べられるうえに、「串打ち三年、焼き一生」ともいわれる、職人さんの串刺しの技術に敬意を払うことにもつながります。

◀箸でずらして食べる

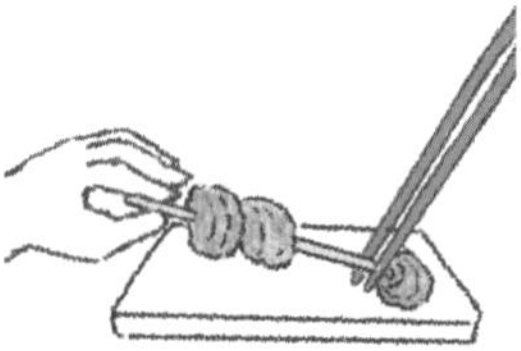

根元のほうにある肉が食べにくいからといって、歯でしごくようにずらすのは避けて。箸で肉を先端までずらしたうえで食べましょう。

◀唐辛子のつけ方

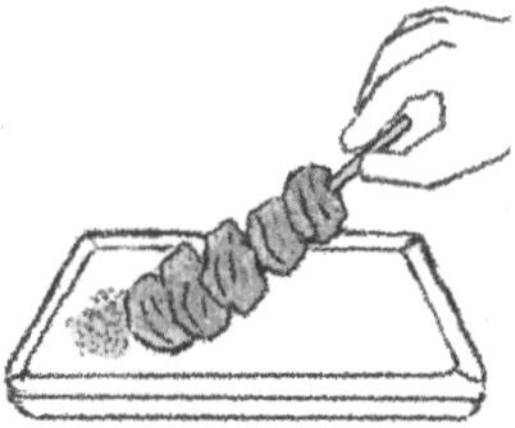

唐辛子は焼き鳥に直接ふりかけるよりも、少量を皿の隅に出してつけるのがおすすめです。辛味を調節でき、かけ過ぎを防ぐことができます。

／和食

豆知識

60種類以上あるといわれる焼き鳥のメニューのうち、代表的なものをご紹介します。鶏の心臓である「ハツ」は、コリコリとした歯ごたえとクセのない味わいが特徴です。「ぼんじり」は尾骨にある肉で、弾力があり、ジューシーです。「せせり」は首まわりの肉で、引き締まった肉にほどよく脂がつき、噛むと旨味が広がります。胸肉の先端部分である「やげん」は、軟骨といっしょに出てくることが多く、肉のやわらかさと軟骨の歯ごたえという、異なる二つの食感を楽しむことができます。

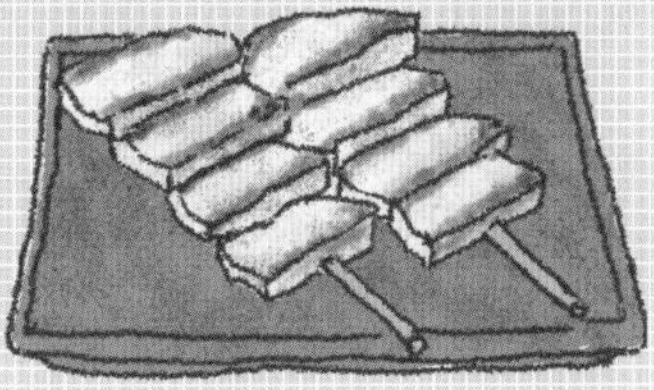

▼串から外す

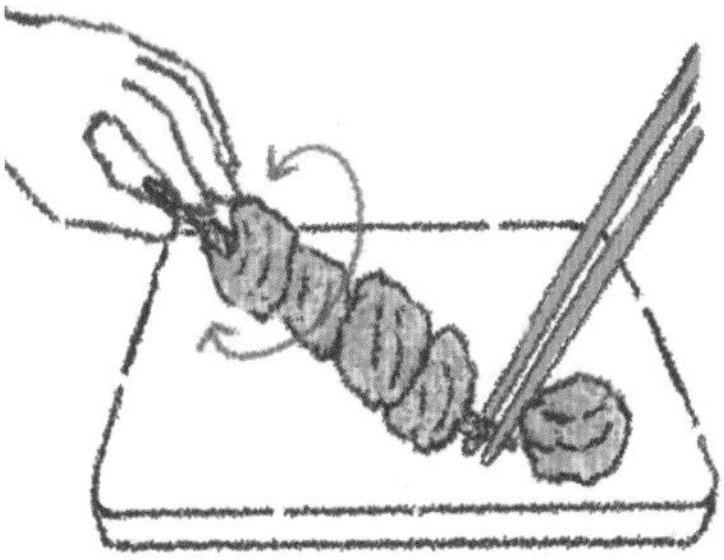

本格的な日本料理店では、串ものはすべて串から外して食べます。また、数人で一つの串をシェアする場合も外しましょう。肉が熱いうちであれば、簡単に外すことができます。外れにくい場合は、串を左右に回しながら外しましょう。

▼つくねの食べ方

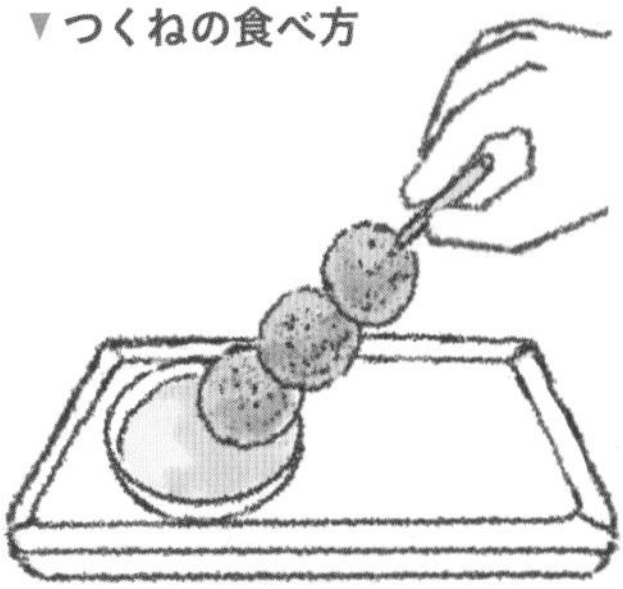

つくねに卵黄が添えられているときは、からめて食べましょう。串につけた卵黄は器のふちでぬぐい、垂れないようにして口へと運びます。

▼串は串入れに

食べ終わった串は、串入れに入れます。硬くて食べられなかった部分なども入れて、取り皿の上はきれいにしておきましょう。

串焼き

食べにくいときは「二口」で食べてもOK

串焼きは、肉や野菜、魚介など、さまざまな具材を串に刺して焼いたメニューです。カジュアルなお店であれば、串のまま食べても、串から外して食べても、どちらでもOKです。ただし、高級な日本料理店の「串もの」や、西洋料理として提供された場合は、串から外して食べましょう。

豆知識

串に肉を刺した料理は世界各地で食べられています。「シシカバブ」はトルコを中心に、中東の多くの国々で食べられている串焼き料理の総称です。ヨーグルトやオリーブオイル、玉ねぎ、スパイスなどで下味をつけた肉を串に刺して焼きます。香辛料などで下味をつけた肉を串焼きにした、東南アジアの「サテ」も有名です。中国にはクミンや中国花椒などをまぶした肉を串焼きにする「シャオカオ」があります。

食べ方

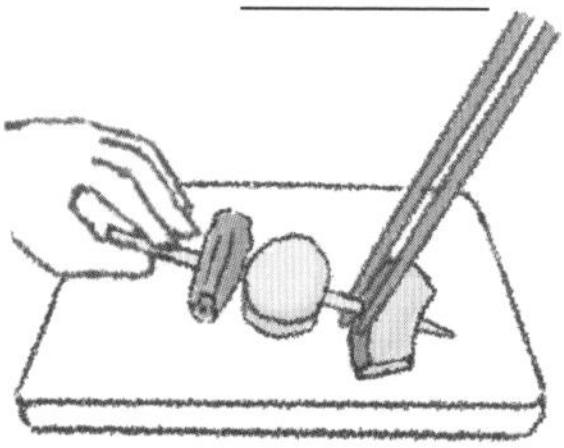

串のまま食べ進めます。手元のほうにある具材が食べにくくなってきたら、箸で先端のほうへとずらして食べましょう。

手元近くの具材が食べにくいときには、二口に分けて食べてもOKです。串を横に持ったら、具材の手前の半分を食べてから串を回し、裏側の残り半分を食べるようにします。

和食

味噌田楽

和食

味噌をこぼさずに一口分ずつ食べる

田楽は、短冊形に切った豆腐やこんにゃく、野菜などに、味噌を塗って焼いた料理です。豆腐やこんにゃくの田楽は串刺しになっていることが多く、串を外してから食べます。塗られている味噌には、赤味噌仕立ての田楽味噌や、柚子の皮や果汁を練り込んだ柚子味噌、山椒の葉を使った木の芽味噌などがあります。いずれもとろみのある味噌なので、垂らさないように注意しましょう。

食べ方

▼串から外して食べる

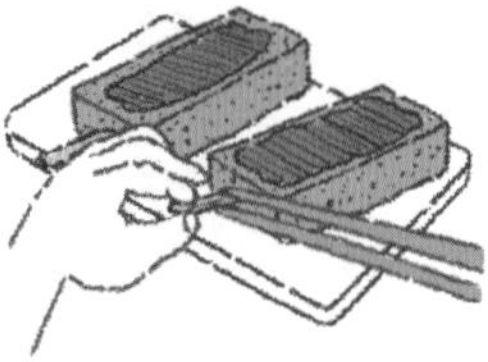

食べる前に串を外します。箸で田楽を押さえたら、反対の手で串を持ち、引き抜きましょう。箸で田楽の根元を押さえると外しやすくなります。外した串を皿の隅に置いたら、一口分ずつ切りながら食べます。食べる前からいくつかに切り分けてしまうのはやめましょう。

◀こんにゃくの食べ方

一切れを箸で持ったら、そのまま何口かに分けて食べます。かじったものは皿の上に置かず、箸で持ったまま食べ進めましょう。箸をこんにゃくに刺して食べるのはNGです。

◀端から味噌を垂らさない

田楽の端から味噌をこぼさないように気をつけましょう。こぼれそうなときは、手ではなく懐紙か小皿で受けます。

とんかつ

口まわりの汚れに気をつけて揚げたてを味わって

1899年（明治32年）に銀座の洋食店・煉瓦亭が、「豚肉のカツレツ」として提供したのが、とんかつの始まりといわれています。付け合わせのキャベツの千切りには、うれしい効果がたくさん。キャベツに含まれるビタミンUが胃腸を保護し、食物繊維が脂肪の吸収を抑えてくれます。気軽に食べることの多いメニューですが、口のまわりの油汚れなどに気をつけながら、ていねいに食べるようにしましょう。

食べ方

揚げたてを食べるのが、おいしく味わうコツです。カツとキャベツをバランスよく食べ、口のまわりにつきやすい衣や油などは、紙ナプキンや懐紙でこまめに拭いましょう。ソースは、瓶を少しずつ傾け、ソースが線になって出てくるようにすれば、かけ過ぎを防げます。からしはソースをかける前につけるのが基本。少量をカツにのせましょう。

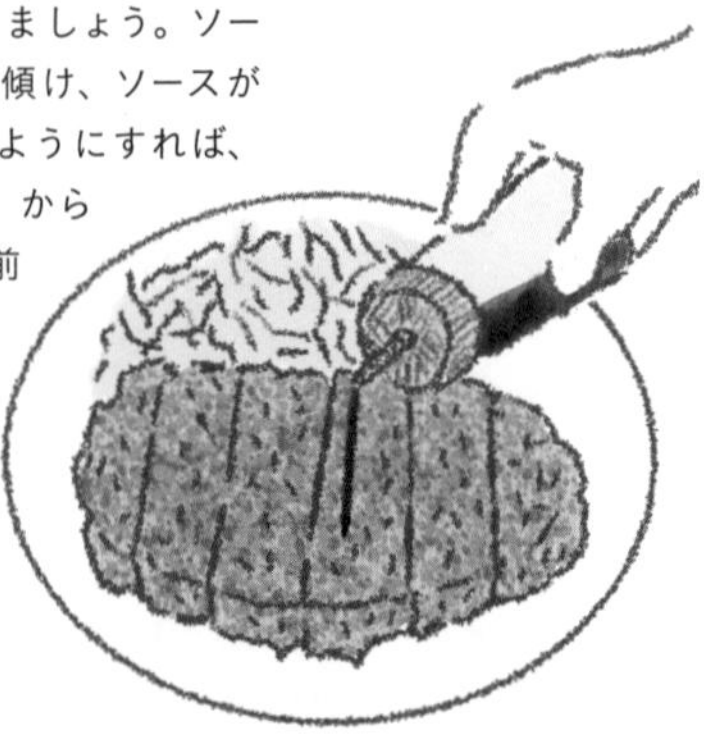

こんなときは？

胡麻とすり鉢が添えられていたら、胡麻をすってソースを混ぜ、とんかつにつけて食べましょう。

串かつ

「二度付け禁止」を守りながらカジュアルさを楽しむ

串かつは、豚肉などを串に刺して揚げた料理です。「串揚げ」と呼ばれる場合は、肉のほかに野菜や魚介などの具材も含みます。大阪名物としても知られる串かつは、カジュアルなお店で出されるメニューですので、串のまま食べるのがおすすめです。また、共用の容器に入ったソースにつけて食べることが多く、衛生的な理由から、「ソースの二度づけ禁止」のルールが設けられています。

食べ方

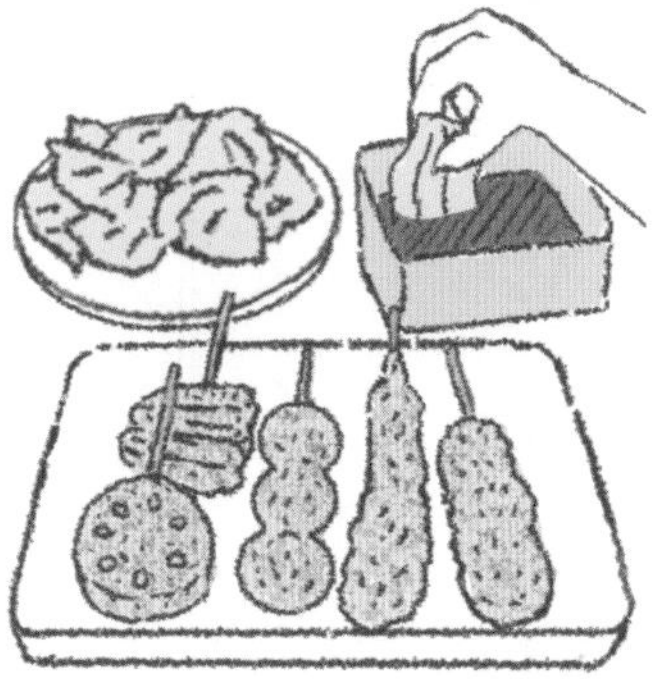

「ソースの二度づけ禁止」のお店では、キャベツが添えられています。これは串かつにソースを足したいときに、キャベツでソースをすくってかけるためです。

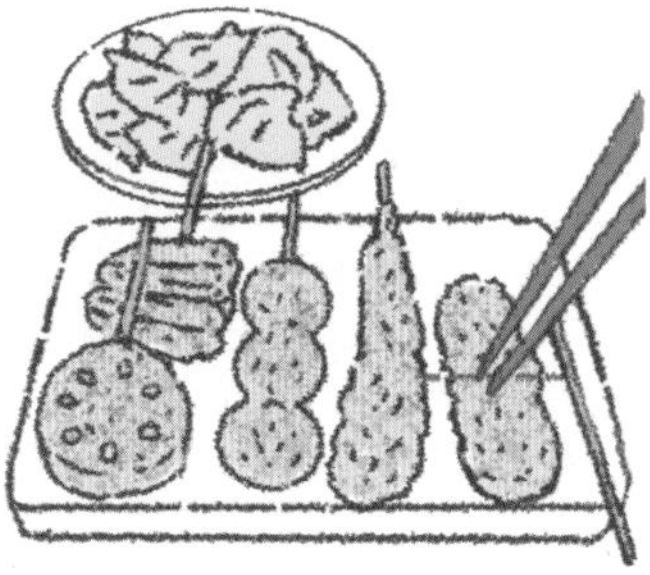

大きな具材は串から外し、一口大に切って食べてもOKです。うずらの卵のような、小さな具材が連なったものを串から外す場合は、一つずつ外しましょう。

寄せ鍋

食べるときや取り分ける際は箸のマナーに注意！

寄せ鍋は、だし汁にさまざまな具材を入れた鍋料理の一つです。古くから囲炉裏にかける大鍋で煮炊きしていたものを、江戸時代後期に食卓へと持ち込むようになった「小鍋立て」が、寄せ鍋の始まりと考えられています。

具材は、最初に魚介や鶏肉などのだしの出るものを、次に大根などの火が通りにくいものを入れます。鍋全体が温まったら、豆腐などのだしを吸わせたい具材を入れ、最後にネギなどの短

食べ方

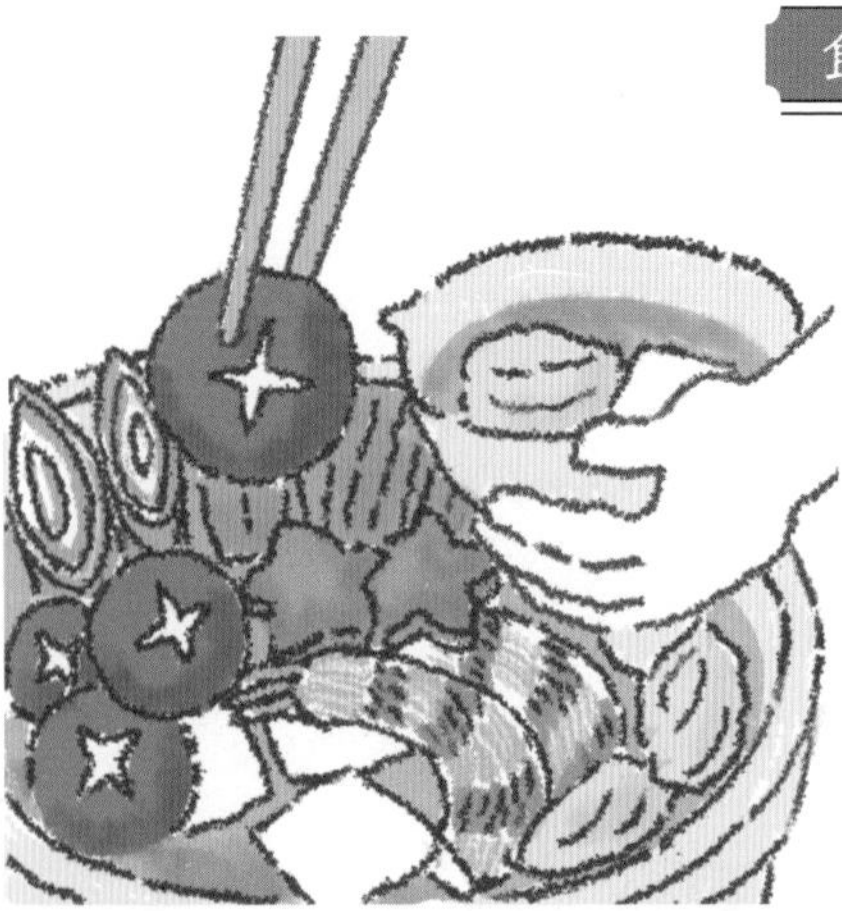

取り分けの際には、苦手な食材がないかを相手に尋ねたうえで、取り分け用の箸を使います。自分の箸をひっくり返して使う「逆さ箸」や、箸で具材を探す「探り箸」は不作法です。
取り分けて器に盛るときは、下に野菜を、上にメインになる肉や魚介類などをバランスよくのせます。こんもりと山型に盛ると、おいしそうに見えます。つゆを注ぐときは、上からかけるのではなく、器の端からそっと入れましょう。

時間で火が通るものを入れて仕上げます。アクをこまめにすくうことで、だしの風味が引き立ち、見た目にも美しい鍋になります。

鍋料理を大勢で食べるときには、取り分け方で迷うこともありますが、寄せ鍋での基本を覚えておけば、ほかの鍋料理のときにも応用できます。

豆知識

「ちゃんこ」といえば、力士が食べる鍋を想像しますが、じつは力士が作るすべての料理を指す言葉です。この名称の由来としては、「ちゃん＝お父ちゃん（師匠）」と「こ＝子（力士）」が食べる料理という説が有力です。ちゃんことして作られた鍋を「ちゃんこ鍋」といい、鶏ガラでだしを取るのが一般的です。これは、鳥は手を地面につけないので、「土俵に手をつけない（負けない）」という縁起をかついだものです。

しゃぶしゃぶは？

最初に肉を数枚浸して食べれば、だしに肉の旨味が加わり、おいしくなります。その後は、火の通りにくい野菜を先に入れ、火の通りやすい野菜をあとから加えて食べます。食べる際には、具材から汁やタレを垂らす「涙箸」にならないように、器の端で水分を落としてから口に運びましょう。

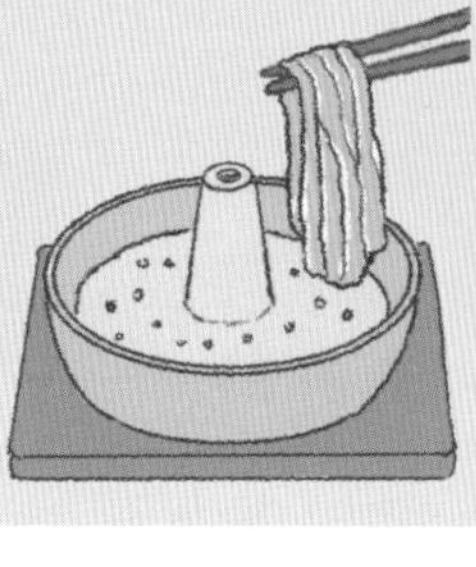

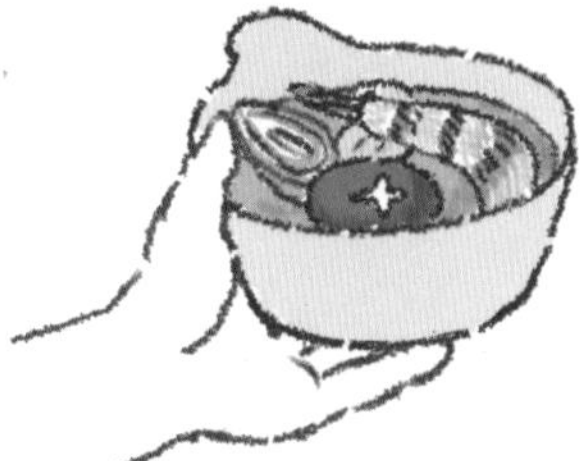

取り分け用の器である「とんすい」には、取っ手のような出っ張りがついていますが、この部分だけを持つのは不安定です。親指を器のふちに添え、四本の指で底を支えて持ちましょう。とんすいを人に渡すときは、相手が受けとりやすいように、取っ手を横にしましょう。

すき焼き

大きな一枚肉はたたんで一口サイズに

すき焼きには関東風と関西風があります。関東風の場合は、鉄鍋で肉や野菜を焼いたら、合わせ調味料である割り下を入れ、煮込んで仕上げます。一方で関西風は、肉を焼いた上から砂糖や醤油を直接入れ、水分を加える代わりに、白菜などの水分量の多い野菜を入れるのが特徴です。どちらの場合でも、自分で調理する際には、肉に火が通り過ぎないようにするのがおいしさのコツです。卵につけて食べましょう。

食べ方

専門店では、お店の人が調理や取り分けをしてくれることが多いものです。食材にとってベストな調理をしてくれますので、気後れせずにお任せしましょう。

大きな肉をそのまま食べようとすると、溶き卵がポタポタと落ちる「涙箸」になります。一口サイズにたたんで食べれば、口を大きく開ける必要がなく、涙箸も防げます。

和食

おでん

地方ごとの味・具材の違いを楽しんで

だしで練り物などを煮込むおでんは、明治時代に東京で生まれました。その後に関西へ伝わったため、関西ではおでんを「関東炊き」や「関東煮」と呼びます。濃口醤油やみりん、砂糖などでしっかりと味付けした関東のおでんに対し、関西では薄口醤油を使ったあっさりした味付けが特徴です。また、静岡では、牛すじや鶏肉から取った真っ黒なだしで煮るなど、地方色が豊かな料理の一つです。

食べ方

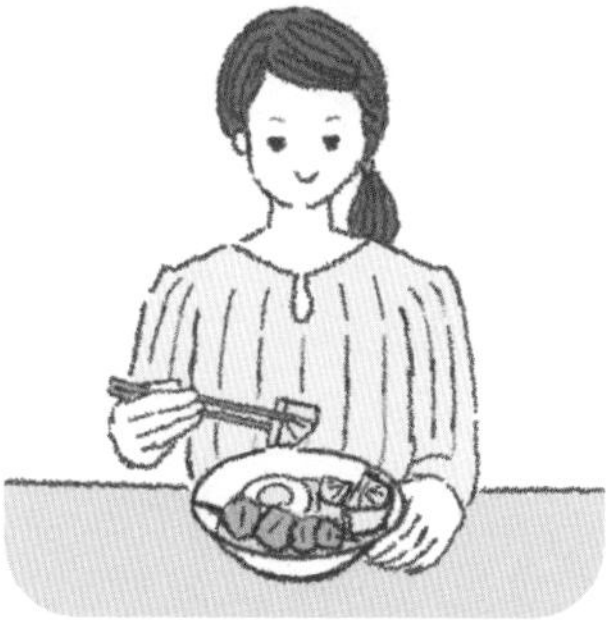

大きな具材は、一口大に切って食べます。箸で切りにくい具材は、何口かに分けて食べてもOKです。かじったものを皿に置く場合は、かじった側を自分のほうに向けるようにしましょう。

▶ 練りがらしのつけ方

練りがらしをだしに溶かすと、だし全体が辛くなってしまいます。具材に少量ずつのせ、風味を楽しみながらいただきましょう。

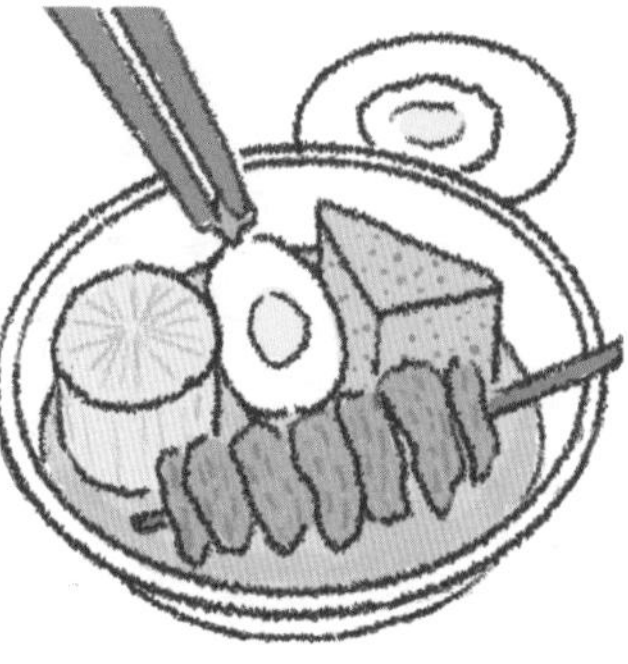

茶碗蒸し

じつは汁物の一種！崩して飲んでもOK

茶碗蒸しは、日本料理のコースでは「蒸し物」として提供されることが多い料理ですが、お吸い物の代わりに出されていた「汁物」の一種でもあります。そのため、スプーンですくって食べるだけでなく、箸で崩して汁物のように食べるのもOKです。器のふたを開けたら、しずくが垂れないように注意して、裏返したままで器の右側に置きます。ふたを閉めると、食べ終えた合図になります。

食べ方

茶碗蒸しのふちをスプーンでなぞって一周しておくと、卵が器からはがれて食べやすくなります。器は持って食べても、置いて食べても、どちらでもOKです。

茶碗蒸しは汁物でもあるため、器に口をつけて飲んでもかまいません。その場合、具を食べ終えたあとで箸でかき混ぜ、軽く崩します。箸を置き、両手で器を持ち、左手を底に添えて飲みましょう。

土瓶蒸し

だしの風味と味・香りの変化を楽しもう

土瓶蒸しは、だしを入れた土瓶の中で、野菜などの具材を蒸す料理です。「松茸の土瓶蒸し」でよく知られており、会席料理の献立では「吸い物」代わりとして提供されます。すだちや柚子などの柑橘類が添えられていることが多く、味とともに香りや風味も楽しめる料理といえます。だしを飲んだり具材を食べたりするときは、土瓶の上に伏せられているお猪口《ちょこ》を小皿として使いましょう。

食べ方

土瓶を両手で持ち、小皿(お猪口)にだしを注ぎます。鼻先に持っていき、香りを味わってから、だしをいただきます。次に小皿にすだちを絞り、味と香りの変化を楽しみましょう。

土瓶の中の具材を箸で小皿へと取り出し、だしを注いでいただきます。こちらにも適宜柑橘類を絞ります。食べ終えたら、柑橘類の皮を土瓶の中に入れ、ふたをしましょう。

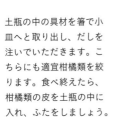

味噌汁

香りを楽しんでから汁や具をいただく

ふだん食べ慣れている味噌汁ですが、日本料理として出された場合の正しい食べ方をご存じでしょうか。まずは両手で器を持って香りを味わい、そのあとで汁と具を交互にいただきます。音は極力立てないようにして食べ進めましょう。汁を飲む際には、あごを上げるのではなく、お椀を傾ければスマートな食べ方になります。また、箸は両手でお椀を持ち上げてから持つようにしましょう。

食べ方

お椀のふたを「の」の字を書くようにして開け、裏についた水気を切ります。ふたを裏返した状態でお椀の右に置いたら、両手でお椀を持ち上げ、香りを味わいます。

お椀を左手で持ちます。このとき、親指をお椀のふちに、ほかの四指を底に添えて持ちましょう。

右手で箸を取ったら、お椀の底に添えた左手の人さし指と中指で箸先をはさみ、固定します。

◀具の貝の食べ方

味噌汁の具が貝である場合、貝の身が取りやすいように、汁をある程度飲んでから食べましょう。身は、お椀を持ったまま、箸で一つずつつまんで口へ運びます。外れにくい身があれば、お椀を置き、手で殻を押さえて箸でつまみましょう。食べ終えた殻は、お椀の中に入れたままにします。別の皿に置いたり、裏返して置いたお椀のふたに入れたりするのはやめましょう。

右手を箸の頭の方向へと滑らせます。箸の頭を通って下側に移動させたら、箸を持ち、箸先を左手の中指から外します。

汁と具を交互に食べます。食べ終えたら、ふたを元どおりに閉めます。ふたの裏側を上にして重ねるのはNGです。

こんなときは？

お椀のふたが開かないときには、右手でふたを押さえ、左手でお椀を握るように軽く押しましょう。ふたとお椀のすき間に空気が入り、ふたが浮いて開けやすくなります。また、汁だけを飲むときには、箸先を正面の人に向けず、箸先をお椀に入れるようにすれば、美しい飲み方になり、お椀の中の具を押さえることもできます。

カニ料理

はさみやカニスプーンで身を取り出すコツを覚えて

カニは、食べるのが難しい食材の一つです。とくに脚の細い部分の身を食べるとなると、手が汚れ、食べたあとが見苦しくなってしまうこともあります。カニ用のはさみやカニスプーンなどをうまく活用して、きれいに食べるコツを覚えておきましょう。また、カニ肉をかき出すことに夢中になり過ぎて、会話がなくならないように、まわりの人への気配りも忘れないようにしたいものです。

食べ方

▼ハーフポーションの場合

カニの脚は、多くは殻を片面だけ取り除いた「ハーフポーション」で提供されることが多いです。

ハーフポーションの脚の関節近くを持ち、むき身になっている部分の根元にカニスプーンや箸を入れ、身をかき出します。

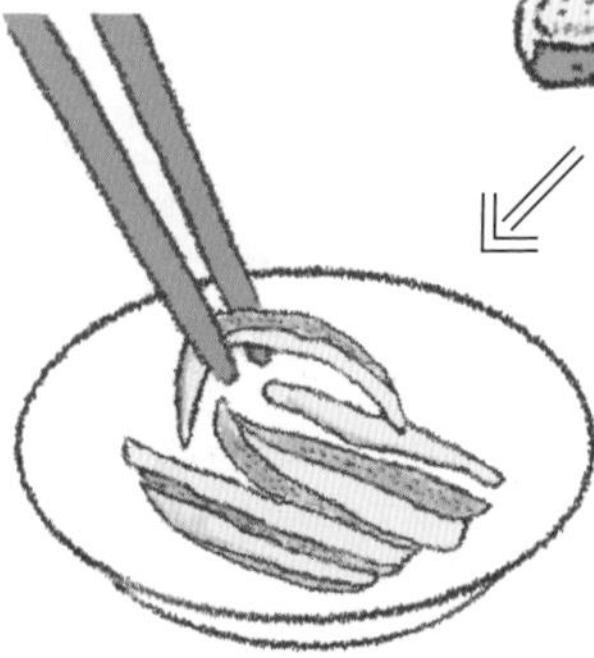

かき出したカニ肉は、皿の上に出し、箸で食べましょう。カニスプーンですくって食べるのは美しくありません。

焼きガニは？

片面に殻がついているハーフポーションであれば、網に身を直接つけずに焼くことができます。脚が加工されていない場合は、殻の白いほうを上にして、左右の側面に近い部分にはさみを入れて殻を取り除き、ハーフポーションにします。焼き網の上で身がふくらんできたら、カニスプーンなどで身をかき出して食べます。また、味噌のついた甲羅を焼くと、「カニ味噌の甲羅焼き」になります。甲羅を焼き網にのせ、味噌が煮立ってきたら食べごろです。スプーンですくっていただきましょう。

POINT

ハーフポーションでも、脚を折っていただく場合でも、カニ肉はいきなりカニ酢につけず、最初の一口はカニそのものの味を楽しむようにしましょう。カニの脚にはさみを入れる場合、脚の付け根や関節側から縦に切り込みを入れると、身を取り出しやすくなります。

▼ そのままの場合

カニの脚がそのままの状態で提供された場合は、脚を折って身を出しましょう。カニの表側である色の濃いほうを手前にして持ちます。

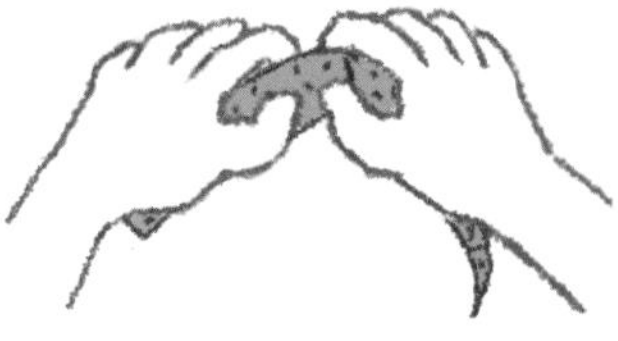

折る場所は、関節から脚の太いほうへと1センチほど進んだ部分です。そこに両手の親指を添え、裏側に押し出すようにして折ります。爪のついているほうをスッと引っ張ると、身が取り出せます。

サザエの壺焼き

丸ごと焼く方法と下処理後に焼く方法がある

サザエの壺焼きには、二つの焼き方があります。一つは、サザエをそのまま火であぶり、醤油などで味付けをして食べるシンプルな方法です。もう一つは、下ごしらえをしてから焼く方法です。身を貝から取り出し、砂袋などを取り除いたうえで、食べられる部分を一口大に切り分け、貝の中に戻して焼きます。料亭などで提供されるサザエの壺焼きは、こちらのタイプであることが多いです。

食べ方

サザエを丸ごと焼く方法の場合、貝の入り口(フタ)を上に向けて焼きます。フタの部分に汁があふれて泡立ってきたら、汁をこぼさないよう、トングで皿に移しましょう。

フタにあるうず巻き模様の終わり付近に、竹串を突き刺します。奥までしっかり入れるのがポイントです。サザエの内部のらせんと同じ方向に、竹串をゆっくり回し、ひねり上げるようにして身を引き出します。

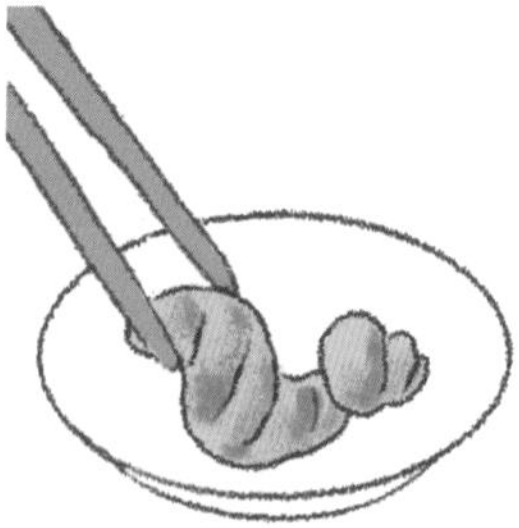

肝(身の先端についている、とぐろを巻いたような部分)が出てきたら、そっと引っ張り出します。取り出した身は皿に置き、竹串を抜いて箸で食べます。

和食

生ガキ

殻付きのことが多いので殻の外し方を覚えて

「海のミルク」とも呼ばれるカキは、牛乳のように栄養が豊富で、疲労回復や滋養強壮にも効く食材として知られています。旬の時期には、生のままのカキをレモンやポン酢で食べることも多く、フランス料理には、スープやジュレを添えた生ガキの定番メニューもあります。生ガキは殻付きで提供されることが多いため、スムーズに殻から身を取る方法をマスターしておきましょう。

食べ方

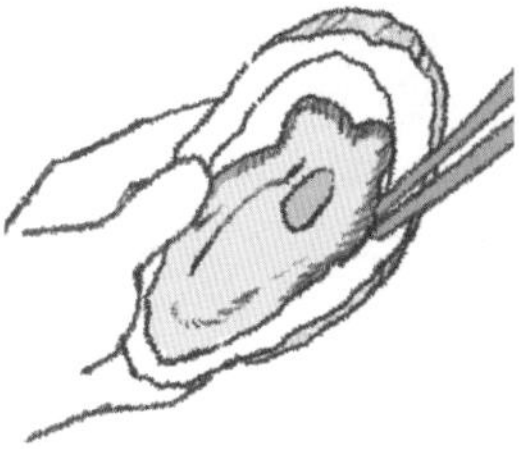

殻がすべらないように片手で固定します。ひだのあるほうから、身の下へと箸を入れ、貝柱を外しましょう。

⇓

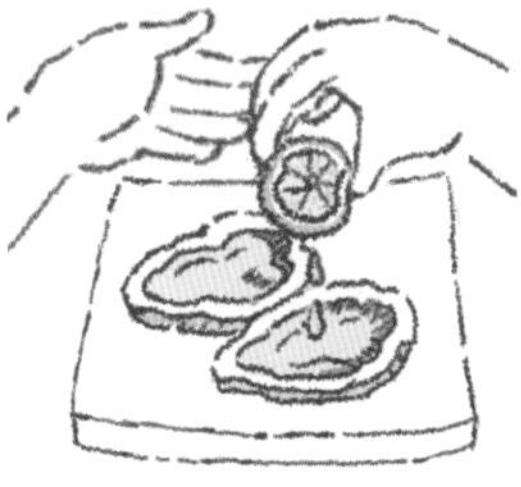

レモンを絞るときは、汁がまわりに飛び散らないよう、片手で覆います。ポン酢で食べるときは、ポン酢用の小皿を持って食べましょう。汁が垂れるからといって、手皿をするのはNGです。

⇑

一口サイズのカキなら、何度もかじったりせず、一口で食べてしまいましょう。

POINT

殻を持って食べてもOKです。カジュアルなお店であれば、殻に残ったスープを飲んでもかまいません。スープは殻の尖ったほうから、口の中に流し込むようにします。

焼きエビ

おめでたい食材の一つ
頭や殻は箸で取る

エビは、紅白の色合いの縁起の良さも相まって、お正月やお祝いの席に欠かせない食材です。長いヒゲや腰の曲がった姿が老人を連想させることから、「腰が丸く曲がるまで長生きするように」という長寿の願いが込められた食材でもあります。そんなエビをそのまま焼いた料理が、焼きエビです。ついたままの頭や殻、脚は、箸を使って取り除くのが基本のマナーとされています。

食べ方

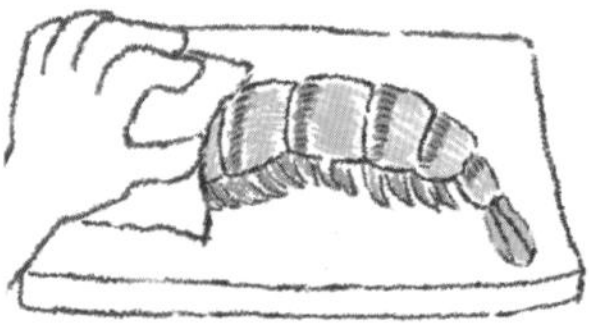

頭を左にして置き、左手で頭を押さえておきます。懐紙があれば、頭を押さえるのに使いましょう。

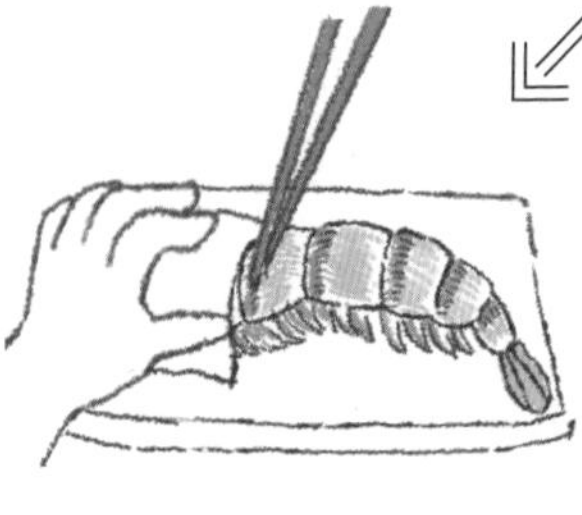

頭と胴体の境目に箸を入れ、切り離します。

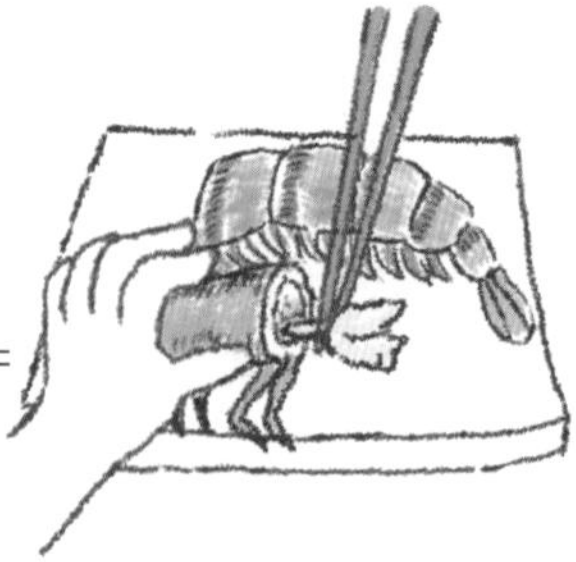

頭に残った身や味噌を、箸でこそげるようにして出しておきます。出したら、頭を皿の奥に置きます。

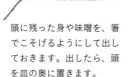

豆知識

世界でも有数のエビ消費国である日本では、たくさんの種類のエビが食べられています。濃厚な甘味が特徴の「ボタンエビ」は、千葉県や静岡県などの太平洋側が産地で、体長は約20センチ。「クルマエビ」は体長15センチほどの愛知県、愛媛県、大分県などで獲れるエビ。旨味と甘味の強さが特徴で、江戸前寿司や天ぷらの食材として使われます。高級食材として有名な「イセエビ」は、体長は約20〜30センチと大ぶり。身がプリプリとしており、姿盛りや味噌汁、焼き物として調理されることが多いです。

こんなときは？

殻をむくときは、箸を使ったほうがスマートです。ただし、箸でうまくむけない場合は、無理をせずに手で殻をむいてもOK。また、焼きエビを食べるときには、懐紙を用意しておくと便利です。頭を押さえるときに手を汚さずに済みますし、頭や殻を隠したり、汚れた手を拭いたりと、さまざまな用途に利用できます。

胴体の端を左手で押さえ、ついている殻を一枚ずつ箸でむきます。

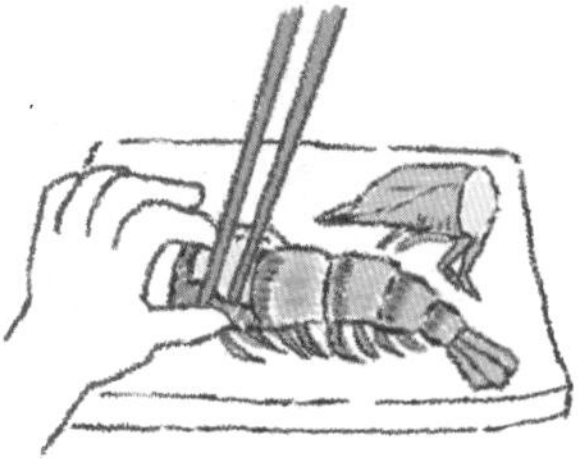

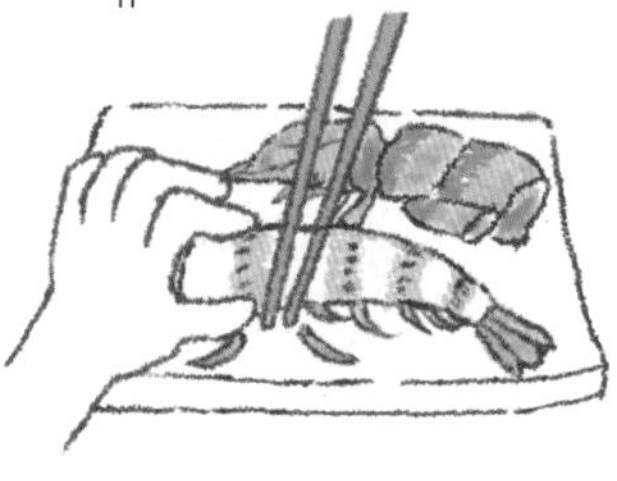

胴体の端を押さえながら、脚の付け根に箸先を入れ、脚を取り除きましょう。殻や脚、尻尾は、頭と同じように皿の奥に置きます。

むき身になったエビを、箸で一口大に切って食べます。箸で切れない場合は、かじって食べてもOKです。皿の奥にまとめた頭や殻、尻尾は、懐紙で隠します。

ざるそば

江戸っ子のように「粋」に楽しむ

そばは、そばの実を粉末にし、練り上げたものを麺にした食品です。そばの実の歴史は縄文時代までさかのぼり、今のように麺にして食べるようになったのは江戸時代から。当時の江戸っ子はファストフード感覚で食べていたため、そばを食べるうえでの厳密なマナーはありません。しかし、出されたらサッと食べ、お店に長居しないなど、江戸っ子のように「粋」に楽しむことを意識しましょう。

食べ方

そば本来の香りと味を楽しむために、まずは薬味を入れず、つゆだけでそばを食べましょう。山型に盛られている場合は頂点から、平らに盛られている場合は手前から、一口で食べられる量をすくいましょう。

⇓

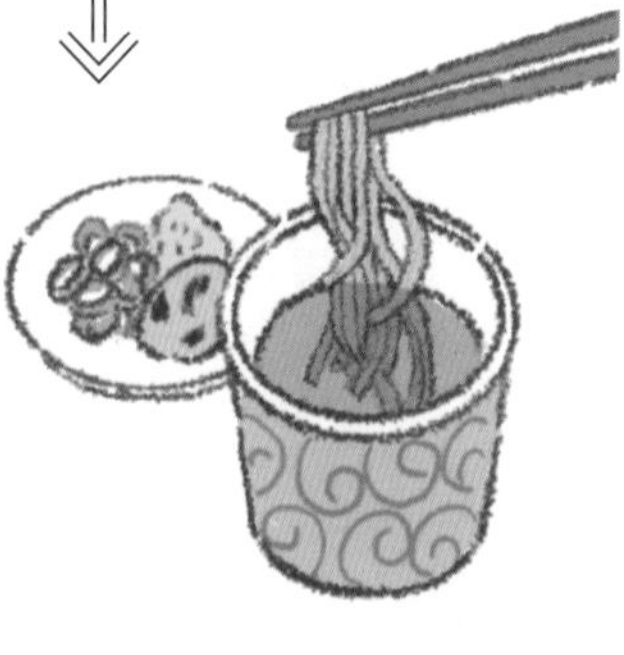

箸に取ったそばの下半分程度を、つゆにつけたらすすって食べます。香りを含んだ空気とともに食べるのがおいしいとされているためで、音を立ててもかまいません。ただし、改まった席では音は控えめに。

そうめんは？

麺を一度にたくさん取り、つゆに浸けっぱなしにすると、そうめんの味が濃くなってしまいます。一口で食べきれる量を取り、つゆに麺を残さないようにしましょう。すするときには少々音を立ててもかまいませんが、途中で麺を噛み切るのはNG。麺を取るときには、麺が長いからといって箸を高く持ち上げず、麺を箸で小さくまとめて、静かにつゆ鉢に入れましょう。

ざるうどん／釜揚げうどんは？

ざるうどんの食べ方のコツは、ざるそばと同じです。ゆでたうどんがお湯に入った状態で提供される釜揚げうどんの場合、麺のモチモチ感を味わうためにも、あまり時間をかけず、アツアツのうちに食べるようにしましょう。最初に一本だけ、そのままで食べ、うどん本来の味を楽しんだら、つゆにつけて食べます。思った以上に麺が長いので、少しずつつゆ鉢に移すようにしましょう。

POINT

そばを途中で噛み切るのは美しくありません。時間が経つと風味が変わるため、出されたら速やかに食べましょう。

薬味を使って食べます。わさびなどの薬味は、つゆに入れても、そばに直接のせても、どちらでもOKです。薬味は一度にすべてを使わずに、最後まで楽しめるよう、何回かに分けて使いましょう。

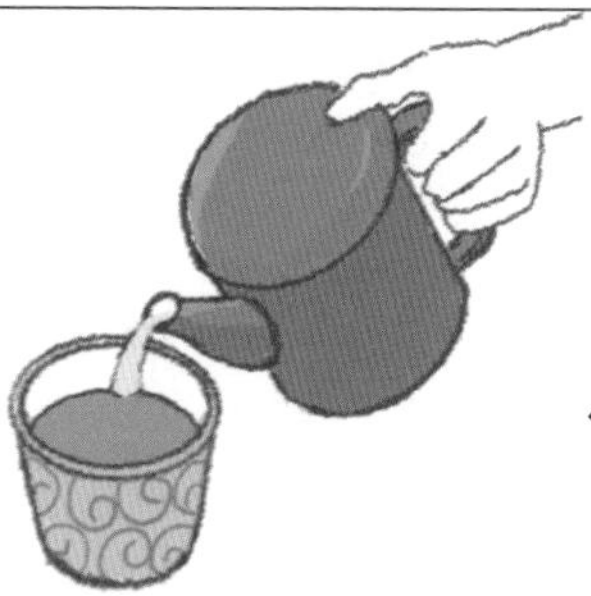

食べ終えたら、つゆの残ったそば猪口に、そば湯を注いで飲みます。残っている薬味を入れてもおいしいです。つゆが足りない場合は、頼めば足してもらえます。

汁そば

口に向かって麺を送るのが汁はねを防ぐコツ

天ぷらにきつね、月見など、トッピングが豊富な汁そばは、元禄時代に誕生しました。せっかちな江戸っ子が「そばにつゆをつけて食べるのは面倒」と考え、そばにつゆをかけるようになったのが始まりで、汁そばを食べられる屋台が大人気となりました。食べるときに気をつけたいのは、汁がはねること。のびる前に食べようと焦らず、麺は少しずつ、ゆっくりと食べるように心がけましょう。

食べ方

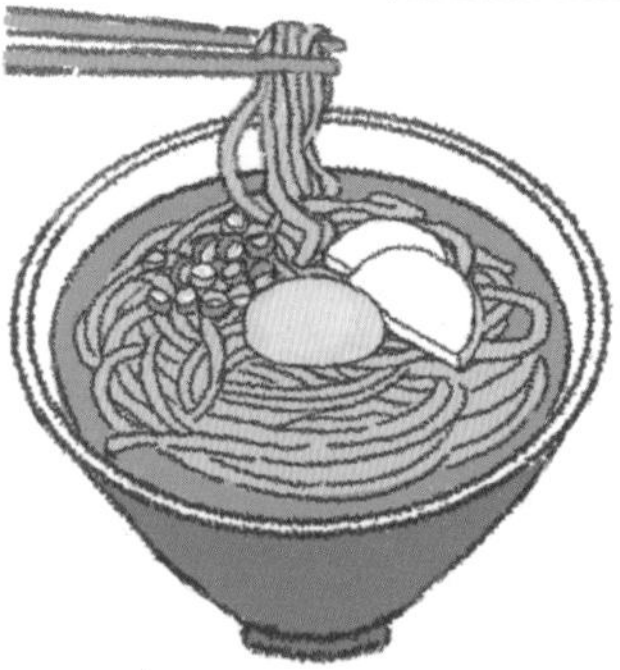

まずは提供された状態の風味を味わうため、薬味を入れずに食べましょう。上のほうにある麺を少量、箸に取ります。

麺を口に入れたら、麺の先を箸で押さえてゆっくりとすすり、たくし上げるように口へと向かって麺を送ります。お好みで七味唐辛子や胡麻、柚子胡椒などの薬味を入れ、味の変化を楽しみましょう。

カレーうどんは?

カレーうどんを食べるときには、汁はねに十分気をつけたいものです。そのためには、うどんは少量ずつすくいましょう。すするときには、軽く前傾姿勢になり、どんぶりの上に顔が来るようにします。うどんの先を箸で押さえ、ゆっくりすすりながら、うどんを口に送ります。レンゲ(または田舎杓子)にうどんをのせてから食べてもOKです。レンゲを口に近づければ、汁がはねにくくなります。紙エプロンを提供してくれるお店も多いので、遠慮なく活用しましょう。

かけうどんは?

かけうどんは、ゆでたうどんを水で締めて、温めただしをかけたメニューです。かけうどんに限らず、うどんはほかの麺類に比べて太くてコシが強く、汁がはねやすいので注意が必要です。汁の飛び散りを防ぐには、汁そばやカレーうどんと同様に、麺を少量ずつ箸に取り、口に入れたら、麺の先を箸で押さえてゆっくりとすすり、麺を口に向かって送るのがコツです。

つゆを飲むときは、レンゲや田舎杓子を使います。箸を一旦置き、片手をどんぶりに添えて飲みます。レンゲや田舎杓子が添えられていない場合は、どんぶりに口をつけて飲んでもかまいません。ただし、どんぶりを大きく傾け過ぎないようにしましょう。

POINT

時間が経つと麺がのびるので、あまり時間をかけずに食べましょう。ゆでたそばに具材をのせたぶっかけそばは、軽く混ぜて食べます。ぐちゃぐちゃと何度も混ぜるのはNGです。

ラーメン

気軽なメニューだけど音や飛び散りに気をつけて

ラーメンが日本に根づき始めたのは、明治時代に横浜の中国人街（南京街）の中華料理店などで提供されるようになったのがきっかけです。現在でもラーメンを「中華そば」「支那そば」などと呼ぶことがあるのは、このためです。勢いよく麺をすすると、スープが洋服や周囲に飛び散るので注意しましょう。また、行列ができるお店では、長居しないこともお店やほかのお客さんへの配慮です。

食べ方

まずは、ラーメン職人の技の極みともいえる、スープを味わいます。レンゲを持ち、器に手を添えたら、レンゲでスープを飲みましょう。スープはすするのではなく、レンゲを傾けて口に流し込むようにすると、飲むときの音が立ちません。レンゲは、くぼみの部分に人さし指を添え、親指と中指で柄をはさんで持ちます。

麺をいただきます。一度に多くの麺を箸に取り過ぎないのが、きれいに食べるコツです。一口で食べきれる量を取るようにしましょう。

つけめん は？

まずは麺をそのまま味わいます。数本を箸に取り、箸で巻き込むようにして口に入れます。その後、麺をスープに浸して食べましょう。トッピングは、そのまま食べても、スープに浸して食べても、どちらでもOKです。テーブルの上にはさまざまな調味料・薬味が用意されていますので、味の変化を楽しむのもいいですね。麺を食べ終えたら、残ったスープに熱いだしを注いで飲みます。これを「スープ割り」といいます。

冷やし中華 は？

きれいな盛り付けの一品なので、いきなり麺と具材を混ぜるのはもったいないもの。上にのっている具材を寄せて、麺が見えるスペースを作ります。麺をスープにひたして軽くほぐしたら、好みの具材を少しずつのせて食べます。具材はバランスよくいただきましょう。麺を一旦レンゲの上に乗せてからすすれば、スープの飛びはねを防げます。からしは、具材や麺に直接のせても、スープに溶いても、どちらでもOKです。

POINT

麺を途中でかみ切るのはNG。また、音を立てたくないときや、すすることに抵抗のある場面では、麺をたくし上げて口に入れるようにします。レンゲでサポートしながら、麺の先端をレンゲの上に乗せれば、汁がはねにくくなります。

麺を口に入れたら、麺の下のほうを箸ではさみます。すするごとに箸をスライドさせながら、麺を口に送るようにすると、スープがはねにくくなります。

豆知識

「○○系」と呼ばれる系列のラーメン店には、オーダーの仕方に独特のルールがあります。初めて訪問する場合には、事前にインターネットなどで予習しておくと安心です。よくわからなければ、「普通でお願いします」とオーダーするのが無難です。

親子丼

箸をメインに使って　スプーンは補助的に使う

　半熟卵と、甘辛い鶏肉の味わいが楽しい親子丼は、明治時代に鳥すき（軍鶏のすきやきのような鍋）の締めに、鍋に残った煮汁を卵とじにして、ご飯のおかずとして食べていたことが始まりとされています。定食屋などで手軽に食べられるメニューですが、和食として上品に食べたいもの。心づかいでさじが添えられていることもありますが、なるべく箸をメインにして食べ進めるようにしましょう。

食べ方

どんぶりを持って食べても、置いて食べても、どちらでもOKです。どんぶりを持って食べ始める際に、器と箸を同時に持ち上げるのは「もろおこし」という不作法の一つです。どんぶりは両手で持ってから左手に持ち替え、右手で箸を取ります。

具とご飯はかき混ぜず、バランスよく食べ進めましょう。手前から食べていくと、具を崩さずに食べられます。

和食

天丼は？

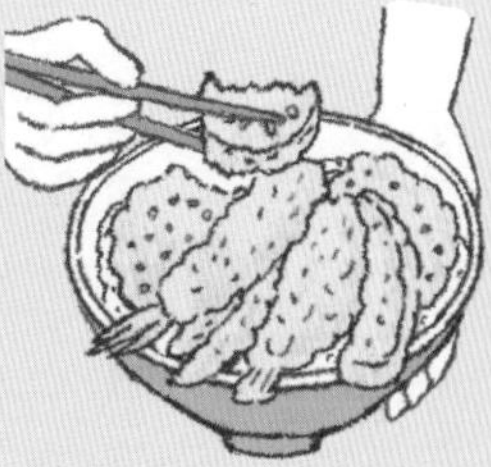

数種の天ぷらを同時に食べ進めず、一つずつ食べ終えるようにします。大きめの天ぷらは、箸で切って食べましょう。切れない場合は、かじって食べてもかまいませんが、一度かじったものはご飯の上に戻さず、箸で持ったまま食べきりましょう。ただし、天ぷらとご飯を交互に食べたいときなどは、噛み跡のあるほうを自分に向けたうえで、ご飯に置くようにします。また、エビのしっぽは、食べても食べなくてもOKです。残す場合は、食事中は裏返したふたの上に置き、食後にはどんぶりの中に入れ、ふたを閉めます。ふたがない場合は、小皿の上に置くか、懐紙にくるみましょう。

海鮮丼は？

ご飯の上の魚介類に、醤油を直接かけると、ご飯にしみてしまいます。ネタの一つにわさびをのせ、醤油皿で醤油をつけてどんぶりへと戻し、ご飯といっしょに箸で取っていただきます。ネタが大きく、一口では食べきれない場合は、噛み切ったりせず、二つ折りにすると食べやすいです。

NG

- 器のふちに口をつけてかき込む「かきこみ箸」は、箸の禁じ手です。箸で一口ずつ食べましょう。
- 食べかけの漬物を、ご飯にのせるのはNG。一口で食べきれない漬物は、箸で持ったまま食べ進めます。

親子丼のようなやわらかい具の丼物には、スプーンが添えられていることがあります。もちろん使ってかまいませんが、あくまで和食ですので、最初から最後までスプーンで食べるよりも、箸で食べにくい場合に使うようにしましょう。

うな重

お重の中を乱さず うなぎの香ばしさを味わって

　香ばしく焼けたうなぎと甘辛いタレ、そしてほかほかの白いご飯。このハーモニーが食欲をそそるうな重は、江戸時代に芝居小屋で出されたのが始まりとされています。かつては庶民的な食事でしたが、現在は土用の丑の日やお祝いのときなどにいただく料理となりました。格式の高いお店で提供されることも多いので、和食の作法を心得つつ、うなぎの香りを楽しみましょう。

食べ方

お吸い物が添えられている場合は、最初に一口いただきましょう。料理人さんの技の結晶であるだしへの敬意をこめるとともに、箸先を濡らしてご飯を食べやすくするためでもあります。

↓

ふたを開けたら、裏側を上にして、重箱の奥に置きます。ふたを重箱の下に敷くのはやめましょう。重箱はお膳に置いたままで、左下から食べ進めます。まずは、うなぎの香ばしさを楽しむために、山椒をかけずにいただきましょう。

POINT

うなぎにはかじりつかず、箸で切って食べましょう。山椒は箸でうなぎをずらしてご飯にふり、うなぎを戻して食べると、噛むごとに山椒のピリリとした風味が伝わり、おいしくいただけます。

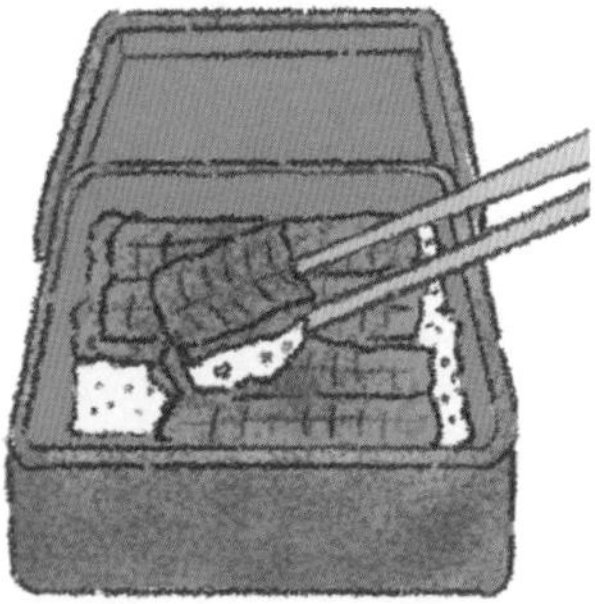

ひつまぶしは？

名古屋名物の「ひつまぶし」は、切り分けたうなぎの蒲焼きをおひつのご飯にまぶしたメニューです。そのまま食べたり、だし茶漬けにしたりして、さまざまな味わいが楽しめます。

1. おひつに入ったひつまぶしに、しゃもじを十文字に入れ、4分割します。最初の4分の1は、茶碗によそってそのまま食べます。
2. 二膳目は薬味をのせて食べ、わさびやネギの風味を楽しみます。ただし、薬味をぐちゃぐちゃに混ぜるのはNGです。
3. 三膳目は、薬味をのせたひつまぶしにだしを注ぎ、だし茶漬けにします。
4. 最後の一膳は、自分の好みの食べ方でいただきましょう。

豆知識

うなぎには関東風と関西風があり、それぞれで「開き」と「焼き」が異なります。「開き」は、関東では背開き。これは江戸時代の武家文化において、腹開きだと切腹をイメージさせることから背開きになったそうです。一方で関西は腹開き。腹を割って話すという関西の商人文化から、うなぎも腹開きが好まれるようになったのだとか。「焼き」については、関東はうなぎをふんわりやわらかに仕上げる「蒸し焼き」で、関西は直火で皮をパリッと、中をふんわりと仕上げる「地焼き」です。

半分ほど食べたら中身が右上に偏ってきますので、食べやすいように重箱を回転させてもOKです。残り少なくなってきたら、持ち上げて食べてもかまいません。ただし、重箱に口をつけて食べるのはNGです。食べ終えたら、吸い物椀とともにふたを閉めます。

お好み焼き

関西風と広島風 それぞれの特色を尊重して

お好み焼きは鉄板焼きの一種で、水で溶いた小麦粉の生地を、具材とともに焼き上げます。具材は名前のとおり「お好み」で選べ、焼き方は地域によって違いがあります。代表的なのは、関西風と広島風。関西風は、昭和初期から広まった「粉もん文化」が庶民の味として根づいたことが始まりとされ、広島風は、大正時代ごろの子どものおやつだった「一銭洋食」がルーツとされています。

食べ方

関西風 生地とキャベツを混ぜたうえで鉄板に広げ、ひっくり返して焼き上げます。ソースは辛口です。

食べる際には、鉄板の上でコテを使って切り分けます。関東ではピザのように切りますが、一人で一枚を食べきることの多い関西では、一口分になるように格子状に切り分けます。ソースやマヨネーズは、かけ過ぎないようにしましょう。ソースを足すときは、食べかけの断面にハケが触れないように気をつけて。

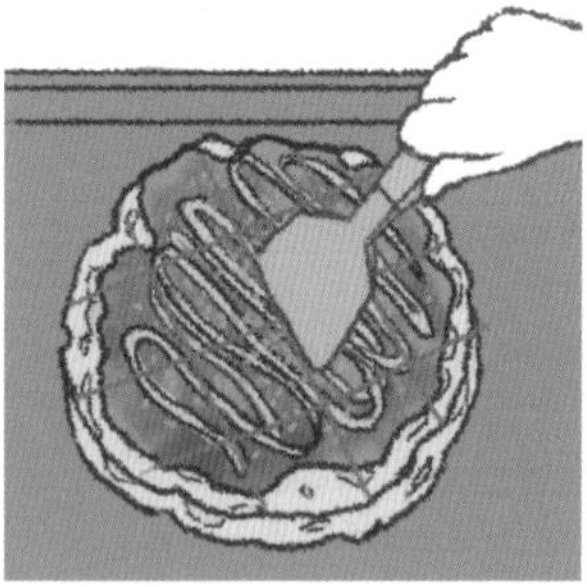

▼**焼き方のコツ**

生地を混ぜるときには、空気を含ませるように均一に混ぜます。鉄板にのせたら、上から押したり叩いたりするのはNG。火が通ってきたら、ふちの部分をヘラで内側に反り返らせると、ふんわりと焼き上がります。

もんじゃ焼きは?

東京の下町グルメの一つで、ウスターソースなどで味をつけたゆるい生地に、キャベツなどの具材を混ぜて焼きます。鉄板から直接食べるので、やけどには気をつけて。小さなヘラ(はがし)を鉄板に押し付けながら食べます。鉄板からそれぞれが直接取って食べるので、はがしをパクッと口に入れるのはやめましょう。

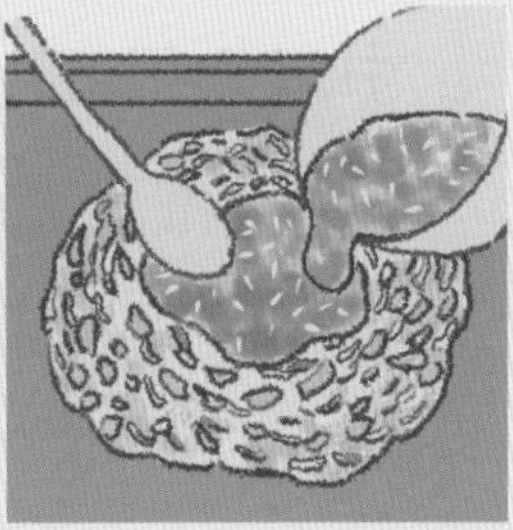

たこ焼きは?

アツアツのたこ焼きは、やけどしないように、食べる前に熱い蒸気を逃すのがコツ。竹串や楊枝で切れ目を入れて蒸気を逃がし、ある程度冷めてからいただきましょう。竹串や楊枝は2本使いで。たこ焼きの両端に刺し、はさむように持ちます。1本だけで刺して食べようとすると、すべり落ちてしまうことがあります。割り箸で食べるのもお勧めです。ちょこちょことかじらず、一口か二口で食べきりましょう。

広島風

鉄板に薄く広げた生地の上に具材を重ねて焼き、焼いた麺の上にひっくり返してのせます。ソースは甘口です。

お好み焼きの真上から垂直にコテを当て、一口大に切り、コテで食べます。コテである程度切り分けてから箸で食べてもOKですが、麺はすすらずに。

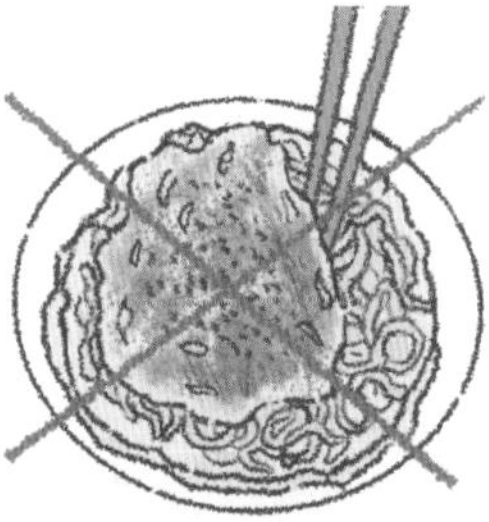

重ねてある具材を、上から順番にはがして食べるのは美しくありません。層になった具材をバランスよく味わいましょう。

手以外は拭いてはダメ！「おしぼり」の正しい使い方、知っていますか？

飲食店や訪問先などでは、お茶や食事とともにおしぼりが提供されます。この「おしぼりを出す」という行為は、じつは日本独特の文化なのです。

「おしぼり」という名称は、江戸時代の旅籠《はたご》（宿屋）で、客が汚れた手足を拭うために、濡らした手ぬぐいを絞っていたことが由来とされています。そんなおしぼりの起源には諸説あるものの、「お手水」がもとになっていると考えられています。

お手水は、神社を参拝する前に手や口を清める水のことで、罪や穢れを洗い流す「禊《みそぎ》」の意味があります。日本では、食事を「神がもたらした自然の恵みを、ありがたくいただく神聖な行為」と見なしています。ならばその前には、手を拭いて清めるべきと考え、おしぼりが提供されているのです。

そのため、おしぼりは手を拭く以外の用途では使いません。汚れた口元をぬぐったり、テーブルを拭いたりするのはNGです。なお、使ったあとのおしぼりは、手を拭いた面を内側にして、軽くたたんでトレーに戻しましょう。

Chapter

2

洋食のきれいな食べ方

コース料理に限らず、
カジュアルなお店でも洋食を食べる機会は多いもの。
エレガントな食べ方をマスターしましょう。

知っておきたい洋食のきほん

現在のテーブルマナーは16世紀のフランスで誕生

洋食の基本となるテーブルマナーは、16世紀のフランスで生まれました。当時のフランスでは手づかみでの食事が一般的でしたが、イタリアの名門・メディチ家の娘であるカトリーヌがフランス王家に嫁いだ際、彼女に付き従ってきたイタリア人料理長が、カトラリーの使い方などを「食事作法の50則」という本にまとめました。この本がヨーロッパ各地へと伝わり、テーブルマナーも広まったのです。

きほんのテーブルセッティング

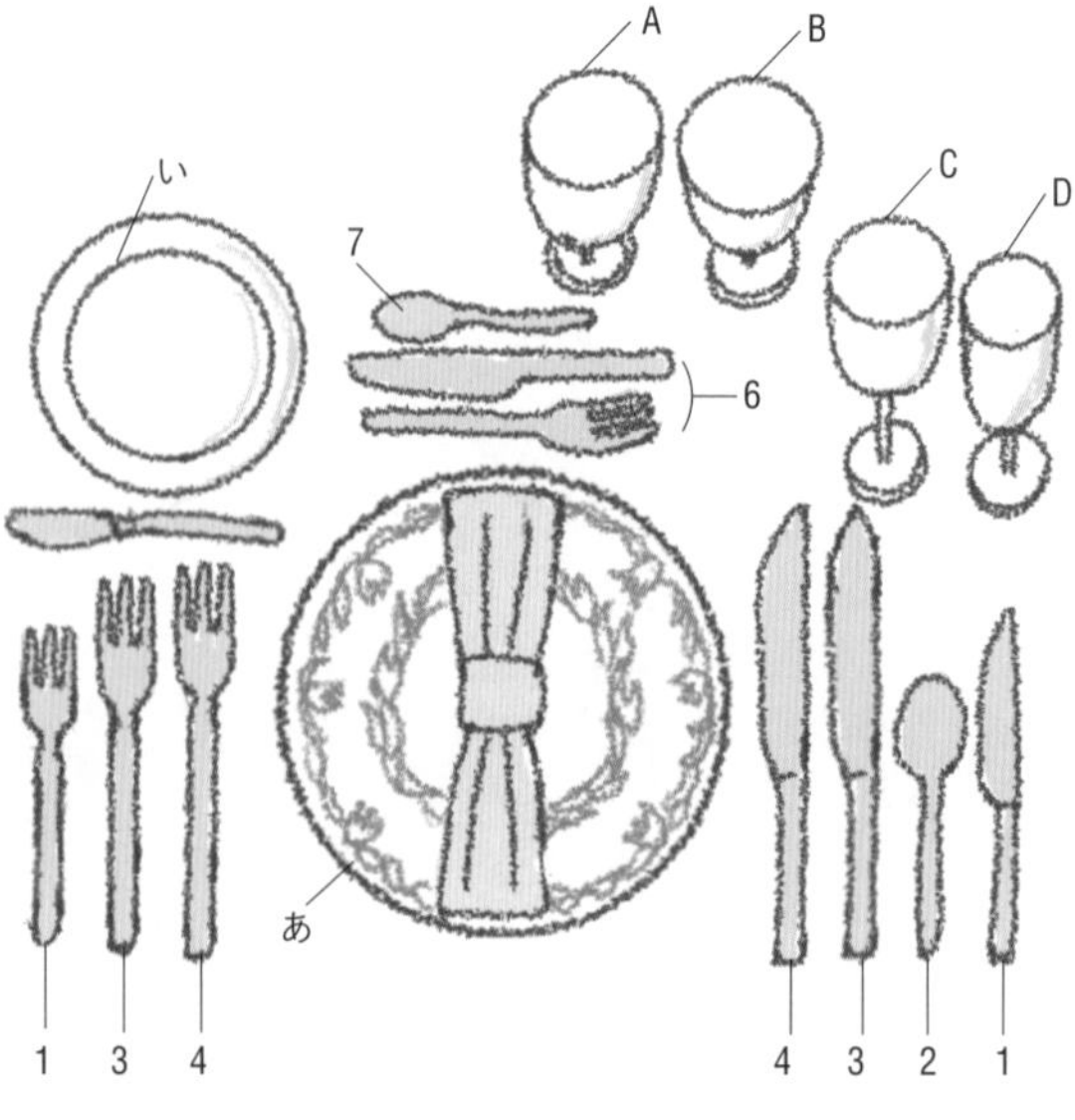

国際的なマナーではフランス式を採用

フランスと歴史的にライバル関係にあったイギリスは、フランスから伝わったテーブルマナーに独自のアレンジを加えるようになりました。そのため、テーブルマナーにはフランス式とイギリス式が存在します。両者にはナイフとフォークの使い方などに違いがありますが、国際的なマナーとしてはフランス式が採用されていますので、まずはフランス式を正しくマスターしましょう。

位置皿の両脇に並んだカトラリーは、外側から順番に使いましょう。

位置皿について

あらかじめ置かれている皿で、料理はのせず、座る位置を示すものです。その店でもっとも美しい皿を用い、歓迎の意を表しています

- A **水やソフトドリンク用のグラス（ゴブレット）**
- B **赤ワイン用グラス**
- C **白ワイン用グラス**
- D **シャンパン用グラス**

- あ **位置皿**
- い **パン皿**

1. **オードブルナイフ＆フォーク**
2. **スープスプーン**
3. **魚用ナイフ＆フォーク**
4. **肉用ナイフ＆フォーク**
5. **バターナイフ**
6. **デザートナイフ＆フォーク**
7. **デザートスプーン**

グラスについて

グラスは常に右側に置きましょう。乾杯ではグラスをぶつけず、目の高さに掲げ、アイコンタクトしながら会釈します。

クープグラス

泡切れがよいためにシャンパンを注ぎやすく、乾杯の際に用いられることが多いです。

フルートグラス

シャンパンやスパークリングワインを入れるグラス。香りや泡立ちが長持ちしやすい形状。

ワイングラス

ワイン用のグラス。大きく分けて、赤ワイン用と白ワイン用の2種類があります。

ブランデーグラス

手のひらであたためて香りを楽しめるよう、底の部分が広くなっています。

ナプキンについて

ナプキンは、主賓や目上の人が広げてから広げます。

退席するとき

軽くたたんでテーブルの右側に置きます。

口を拭くとき

内側を使いましょう。

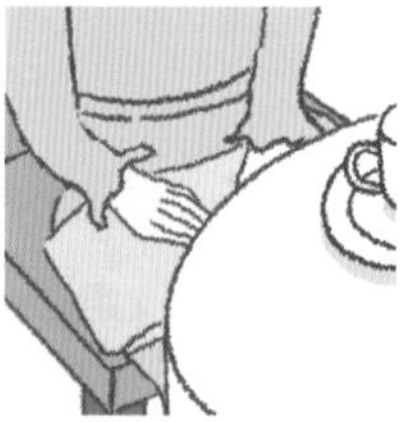

広げるとき

二つ折りにしたら、折り目を手前にして膝の上にのせます。

カトラリーの持ち方

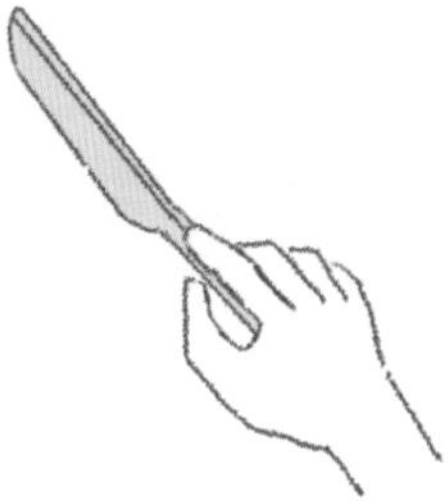

スプーン

柄の上のほうを、人さし指・中指・親指で持ちます。

フォーク&ナイフ

親指、人さし指、中指で軽く握ります。人さし指はカトラリーの背にふんわり添わせましょう。

カトラリーの置き方

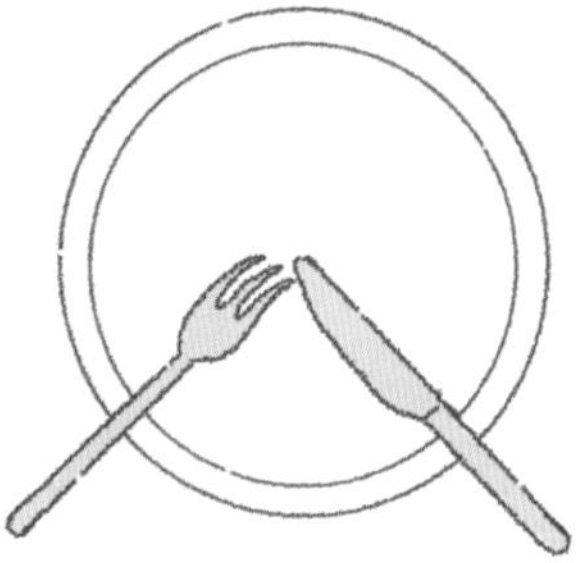

食事が終わったら

フォークとナイフを時計の4〜5時の方向にそろえて置きます。その際、フォークは内側を上に、ナイフは刃を手前にしましょう。

食事中

フォークとナイフを皿の上で「ハ」の字に置けば、「まだ食べている途中です」という合図になります。フォークは内側を下にします。

カトラリーレスト　カトラリーレストがある場合は、一皿食べ終わったらナイフを右、フォークを左にして置きます。

レストランでのふるまい方

美しい料理にふさわしい美しいふるまいを

レストランでは美しい料理が提供されますので、それに似合った装いやふるまいを心がけましょう。カジュアルすぎる服を選んだり、バッグをテーブルの上に置いたりといった、見苦しいふるまいはＮＧです。また、レストラン内では、基本的にレディファーストです。入店や店内を歩くときなどは女性が先で、上座に座るのも女性です。ただし、オーダーやワインのテイスティングなどは男性が行います。

服装

ドレスコードがフォーマルであれば、ドレスを着用しますが、スマートカジュアルの場合は、ワンピースなどの外出着でOKです。パンツスタイルはデニムやジャージーはNG。艶のあるやわらかい素材で。

ドレスコードとは

その場にふさわしい服装の規定のこと。レストランによってはドレスコードを設けていますので、予約の際に確認しましょう。

入店のときのふるまい

1

予約時間ちょうどか、少し前に到着しましょう。男性がドアを開け、女性が先に店内へと入ります。女性の上着・持ち物は男性が預かり、男性からスタッフに渡します。

2

店内ではスタッフを先頭に、女性、男性の順で歩きます。女性が上座に座るように、スタッフが案内してくれます。女性が座ってから、男性が座ります。

3

着席・離席の際には、椅子の左側から出入りしましょう。

4

スタッフが引いた椅子が膝裏に触れたら、そっと腰を下ろしましょう。椅子には深く腰かけるようにします。

バッグの置き場所

バッグは背もたれと背中の間に置きます。大きな荷物はクロークに預けましょう。クラッチバッグなど小ぶりのものは、膝の上に置いてもOKです。

姿勢

テーブルと体の間にこぶし1つ分のスペースを空け、背筋を伸ばします。食事中、両手は常にテーブルの上に出しておきます。脚はそろえて座りましょう。

スタッフを呼ぶとき

給仕などのスタッフを呼びたいときはアイコンタクトで伝えるか、手を低めに挙げましょう。「すみません」と大きな声を上げるのは避けて。

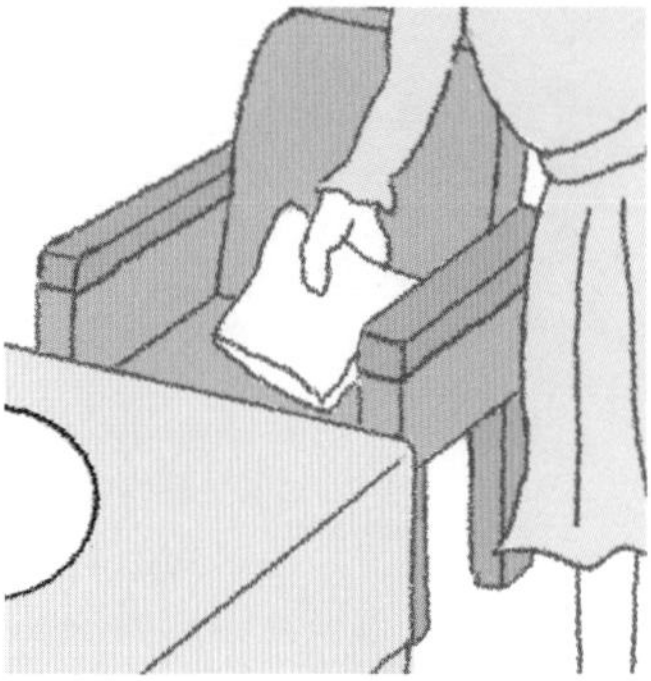

中座について

中座はなるべく避けましょう。やむを得ず中座する場合は、ナプキンを軽くたたみ、椅子の上に置けば、「戻ります」という合図になります。

やってしまいがちなNG

飲み物とカトラリー

ナイフやフォークを持ったままグラスを手にしたり、グラスを持ちながら料理を食べたりするのはNGです。

音を立てる

西洋では、食事の際に音を立てるのはNG。とくに洋食器は音が立ちやすいので、注意を払いましょう。

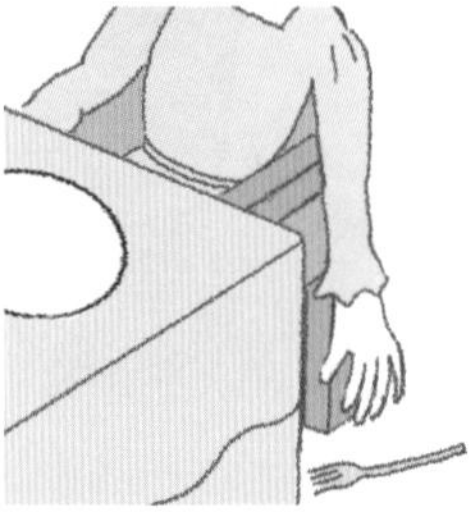

カトラリーを拾う

カトラリーを落としてしまっても、自分では拾わず、給仕に頼んで新しいものを持ってきてもらいましょう。

コース料理の流れと食べ方

前菜からデザートまで一連の流れを確認しよう

フランス料理のコースでは、前菜からデザートまで8～11皿が提供されます。ここで説明するコースの最初に「食前酒（アペリティフ）」が、最後に「食後酒（ディジェスティフ）」が加わることもあります。コースではなく、一品料理である「アラカルト」だけを注文できる店もありますが、同じテーブルに着席した人は、注文方法をコースまたはアラカルトで統一することが大切です。

フレンチコースの流れと食べ方

アミューズ

日本料理での「お通し」にあたります。スプーンやフォークが添えられていますが、小さなタルトやパイなどは、手で食べてもOKです。

オードブル

西洋料理における前菜です。塩気の強さや色彩の豊かさで、食欲やそのあとの料理への期待をかき立てる役割があります。

スープ

こぼさないために、スプーンの3分の2程度の量をすくいましょう。食べ終えたスプーンは、スープ皿の受け皿か、スープ皿の中に置きます。

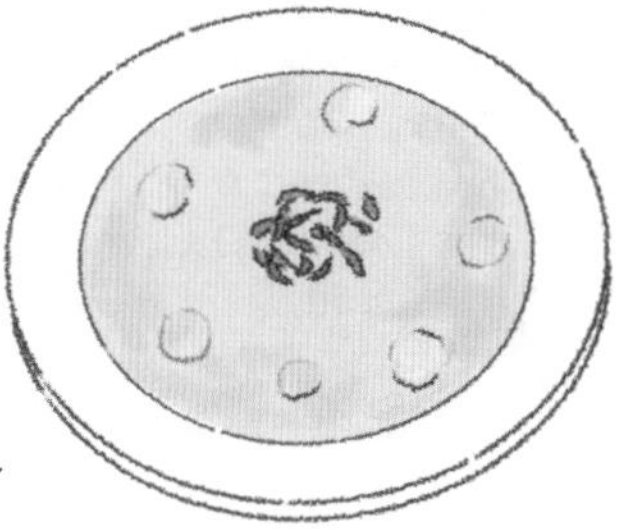

パン

一口ずつ、ちぎって食べましょう。スープ（またはオードブル）のあとから、メイン料理の提供までに食べ終えるようにします。

ポワソン

魚やエビ、カニ、貝など、魚介類のメインディッシュです。身が崩れやすいので、フォークは軽く刺すようにしましょう。

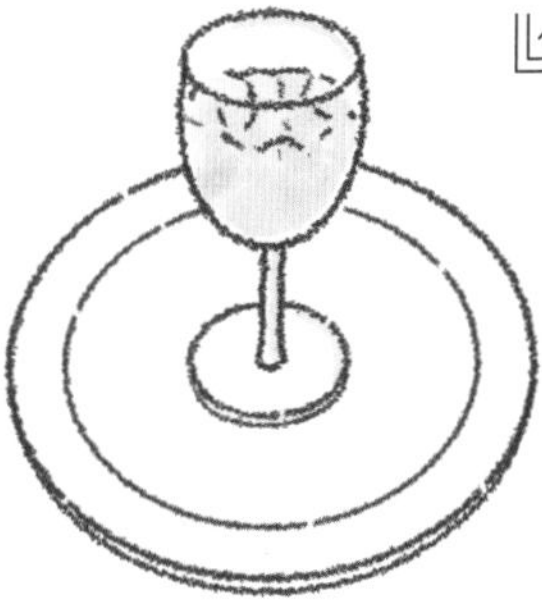

グラニテ

口直しのための、甘味の少ないシャーベットです。デザート用の甘いシャーベットは、ソルベといいます。

（次ページへ続く）

(前ページより続き)

ヴィアンド

牛や豚、鶏などの肉料理です。左側から切って食べます。最初にすべてを一口大にカットするのはNG。

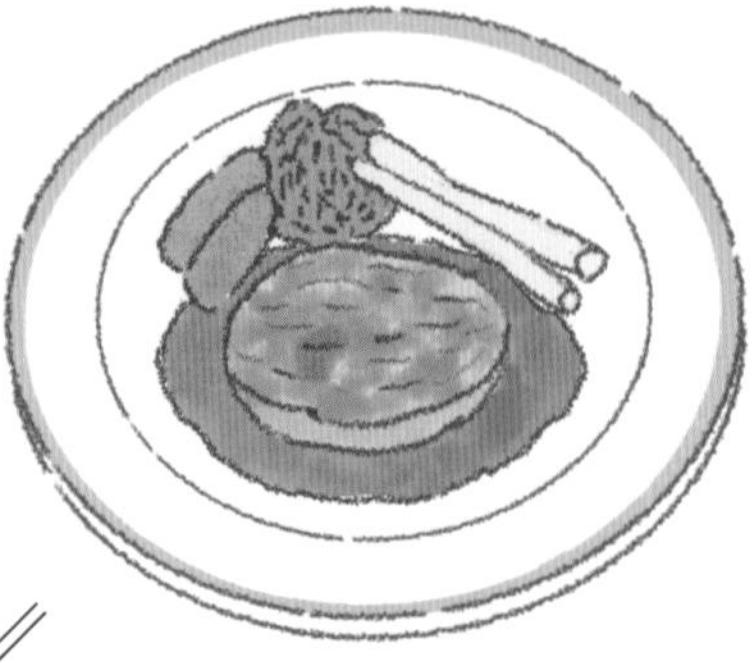

フロマージュ

デザートの前に、「もう少し、お酒を楽しまれますか?」という意味を込めて、チーズをすすめられます。お酒を1杯追加して、パンやクラッカーとともに食べましょう。

デセール

甘いデザートのこと。フリュイ(果物)やソルベ(シャーベット)、グラス(アイスクリーム)を使ったものが多く、カトラリーは新たに用意されます。

カフェ&プティ・フール

デミタスコーヒーやエスプレッソ、紅茶などとともに、小さな焼き菓子が提供されます。

イタリアンのフルコース例

地中海の食材を活かしたイタリアンにも、コース料理があります。

アペリティーヴォ ------ 食前酒です。カンパリ（オレンジピールが原料の赤いリキュール）やスプマンテ（スパークリングワイン）などで、食欲を増進させます。

ストゥッツィキィーノ ---- 食前酒に合わせたおつまみで、日本料理の「お通し」にあたります。

アンティパスト --------- 野菜やハムなど、軽めの食材がメインの前菜です。

プリモ・ピアット ------- 「第一の皿」という意味です。パスタやリゾットといった炭水化物の料理や、スープ料理などが提供されます。

セコンド・ピアット ----- 「第二の皿」という意味です。肉または魚料理が基本で、メインディッシュにあたります。

コントルノ -------------- 野菜メインの副菜です。日本では、セコンド・ピアットの付け合わせとして提供されることが多いです。

フォルマッジオ --------- チーズのことです。いくつかの種類の中から、好みのものを選べます。

ドルチェ ---------------- デザートです。ティラミスやタルトなど、甘味の強いものが定番です。フルッタ（果物）が入ることも。

カッフェ ---------------- おもにエスプレッソが提供されます。ミルクは入れずに飲みましょう。

ディジェスティーヴォ --- 消化を促す食後酒です。グラッパ（蒸留ワイン）やリモンチェッロ（レモンリキュール）などが、小さなグラスで提供されます。

サラダ

野菜それぞれの食べ方をマスターしよう

サラダという言葉は、塩を意味するラテン語の「sal（サル）」が由来で、もともとは生野菜に塩を振りかけた料理でした。ヨーロッパでは、大航海時代の16〜17世紀に、南アメリカからトマトやジャガイモなどの野菜が持ち込まれ、サラダに使われる野菜や味付けも増えていったと考えられています。

日本にサラダが登場するのは明治時代。野菜を加熱して食べていた日本人が、生野菜を食べるようになり、家庭

食べ方

▼葉物野菜

ナイフとフォークがある場合、両方を使って食べますが、基本的に葉物野菜にナイフを入れることはありません。レタスなどの葉物野菜で大きいものがあったら、ナイフとフォークで一口大に折りたたんで食べましょう。

▼豆類

豆類は、ナイフでフォークの内側にのせて食べます。フォークの背で軽くつぶしてもOKです。のせる際、フォークは内側を上に、ナイフはペンを持つように持ち替えましょう。

料理として広まったのは戦後からです。

　平皿で出されることが多いサラダは、食べる際に皿を持てないことから、食べにくさを感じやすいメニューの一つです。また、さまざまな野菜が盛りつけられているため、それぞれに適した食べ方のコツを覚えておきましょう。

シーザーサラダは？

シーザーサラダは、野菜を半熟卵やドレッシングにからめて食べます。ぐちゃぐちゃに混ぜるのはやめましょう。クルトンやベーコンは単独で食べず、レタスにくるんで食べます。

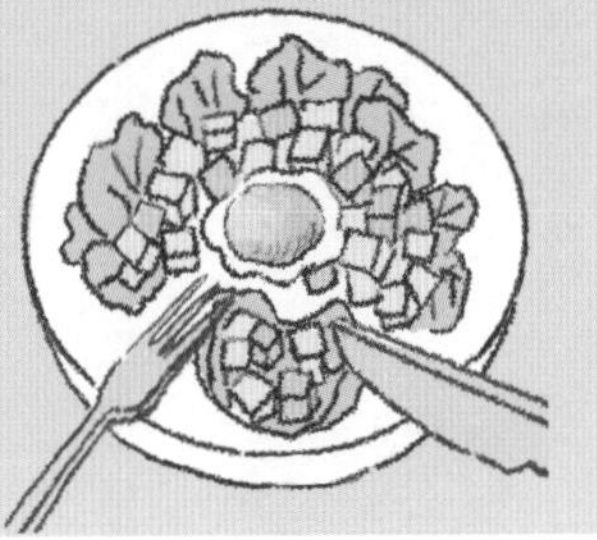

▼アスパラガス

長いアスパラガスは、フォークで固定し、ナイフを手前に引いてカットします。切りにくいときは、アスパラガスを縦向きにして縦方向に切って細くします。カットしたものは一口大に折り畳み、フォークに刺します。

► ミニトマト

転がりやすいミニトマトは、側面にナイフを当てて固定したうえで、フォークで斜め上から刺せば、スムーズに食べられます。

◄ 水菜

水菜などのフォークに刺しにくい野菜は、いくつかまとめて束にしてから刺します。フォークの内側にのせて食べてもOKです。

カルパッチョ

彩りを崩さないように バランスよく食べる

カルパッチョはイタリア料理の一つで、薄切りにした魚介類や牛肉を並べ、オリーブオイルやソース、チーズなどをかけて仕上げた料理です。ハーブや野菜とともに盛りつけられる華やかなメニューで、コース料理では前菜として提供されることが多いです。食べるときには、魚介や牛肉だけ、野菜だけ、と偏った食べ方はせず、彩りを崩さないようにバランスを考えつつ食べるようにします。

食べ方

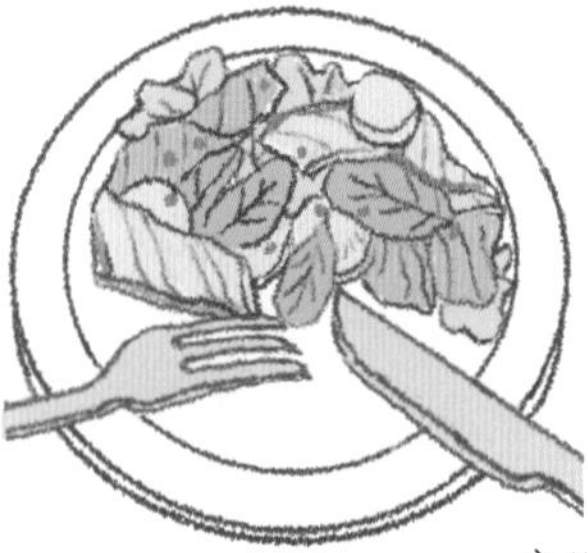

ソースをからめたら、皿の奥に寄せ、手前にスペースを作ります。葉物野菜なども奥に寄せましょう。

空きスペースに魚介や肉を一枚、横長に広げます。魚・肉の左側に野菜類をのせ、右に向かって巻きます。

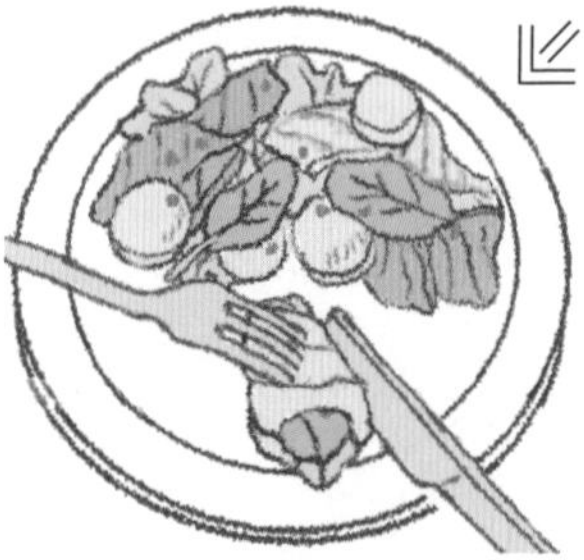

巻き終えたら、ナイフで支えつつフォークで刺します。フォークの先が5ミリほど出るまで刺すと安定します。

カプレーゼ・バーニャカウダ

洋食

野菜とほかの具材の味わいを楽しもう

カプレーゼはイタリアのサラダの一つで、正式名称は「インサラータ・カプレーゼ（カプリ島のサラダ）」。トマトとモッツァレラチーズ、バジルの3つを組み合わせた、シンプルな料理です。バーニャカウダは、にんにくやアンチョビの効いたオリーブオイルソースに、生野菜などをディップして食べます。どちらも、野菜のそのものの味と、具材の組み合わせによる味わいが楽しいメニューです。

カプレーゼの食べ方

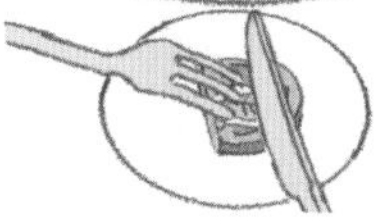

トマトとモッツァレラチーズ、バジルを一切れずつ皿に取り、重ねたままで左から切って食べます。

NG

それぞれの具材を単独で食べたり、切らずにかぶりついたりするのはNGです。

バーニャカウダの食べ方

スティック状など、食べやすい大きさにカットされた生野菜は手でつまみ、ソースにつけて食べましょう。

NG

かじった野菜にソースをつけたり、野菜でソースをかきまぜたりするのはやめましょう。

生ハムメロン

ミスマッチ？じつはベストな組み合わせ

生ハムメロンは、その名のとおりメロンの上に生ハムをのせた、前菜として提供されることの多いメニューです。ミスマッチとも思える組み合わせですが、本場のイタリアやスペインでは、生ハムがメロンの青くささを抑え、メロンが生ハムの塩気をやわらげるとして、相性のいい食べ合わせとされています。食べる際には、メロンと生ハムを別々にカットするのがポイントです。

食べ方

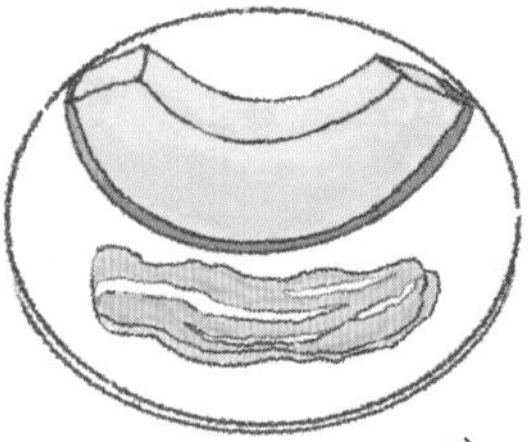

ナイフとフォークを使い、生ハムを一旦皿の手前に置きます。

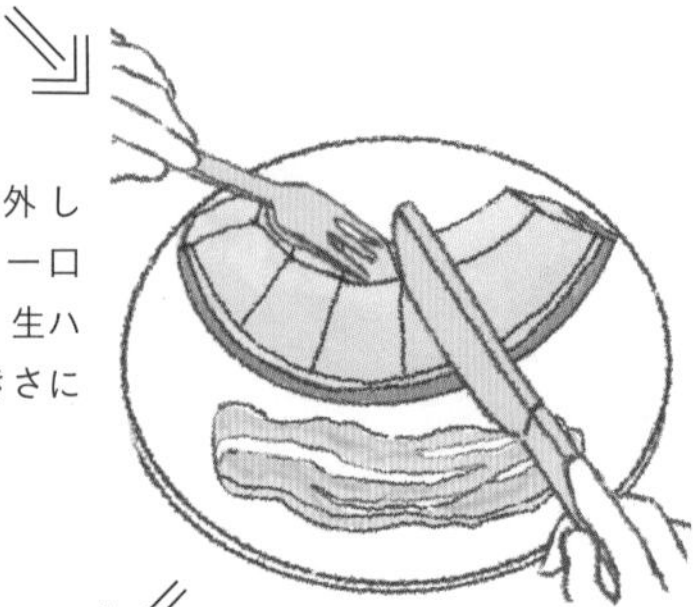

メロンの果実を外し(P192-193参照)、一口大にカットします。生ハムも食べやすい大きさに切ります。

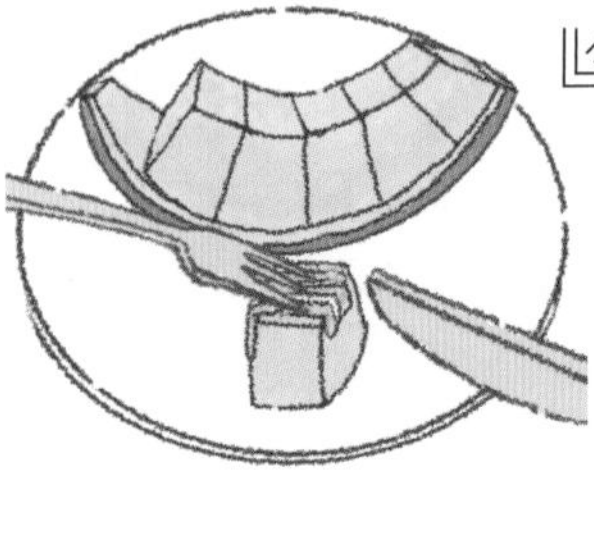

生ハムを一切れずつ、カットしたメロンにのせて食べます。

洋食

アクアパッツァ

洋食

魚を丸ごと一匹使った シンプルなイタリア料理

アクアパッツァは、イタリア・ナポリ地方の煮込み料理で、その調理法はいたってシンプルです。ブイヨンなどの調味料は使わず、焼いた魚をトマトなどの具材とともに水や白ワインで煮て、オリーブオイルで仕上げます。魚を丸ごと一匹使う料理で、見栄えもいいため、パーティーでも提供されます。大勢で取り分ける際には、スプーンとフォークで魚を人数分に切り分けましょう。

食べ方

魚は次の手順でカットし、シェアしましょう。

右手にスプーン、左手にフォークを持ち、頭・カマ・背びれ・腹びれ・尾びれを切り離します。

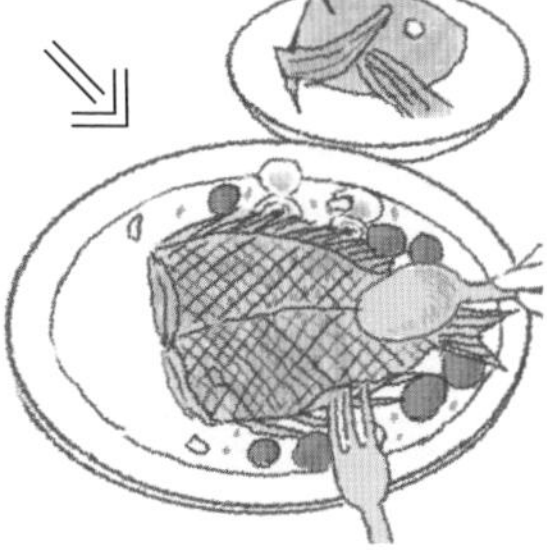

中骨に沿って切れ目を入れ、背中側と腹側の身を外します。中骨を外し、下の身も同様に。

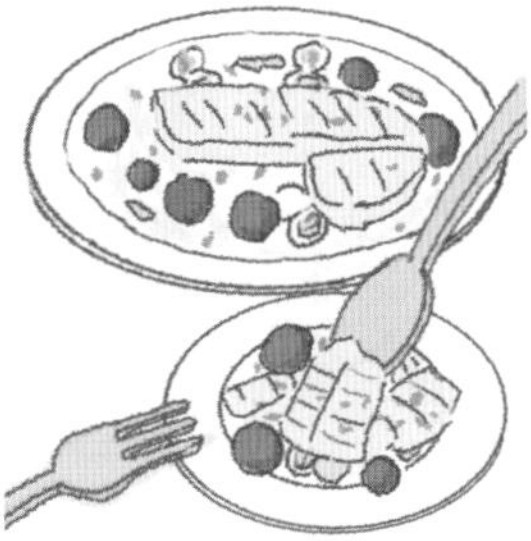

背中側と腹側の身を人数分にカットし、盛りつけます。身にスープをかけ、トマトやオリーブなどの具材を添えましょう。

目玉焼き

焼き方はいろいろ
黄身をきれいに食べきって

目玉焼きは、焼き方によって呼び名が細かく分かれています。代表的なものとしては、片面だけに火を通す「片面焼き（サニー・サイド・アップ）」や、ある程度火を通して途中でひっくり返す「両面焼き（ターン・オーバー）」、少量の水で蒸して火を通す「蒸し焼き（スティームド）」、卵とともにたっぷりの油を入れ、熱した油を卵にかけ回しながら焼く「揚げ焼き（フライド・エッグ）」などがあります。

食べ方

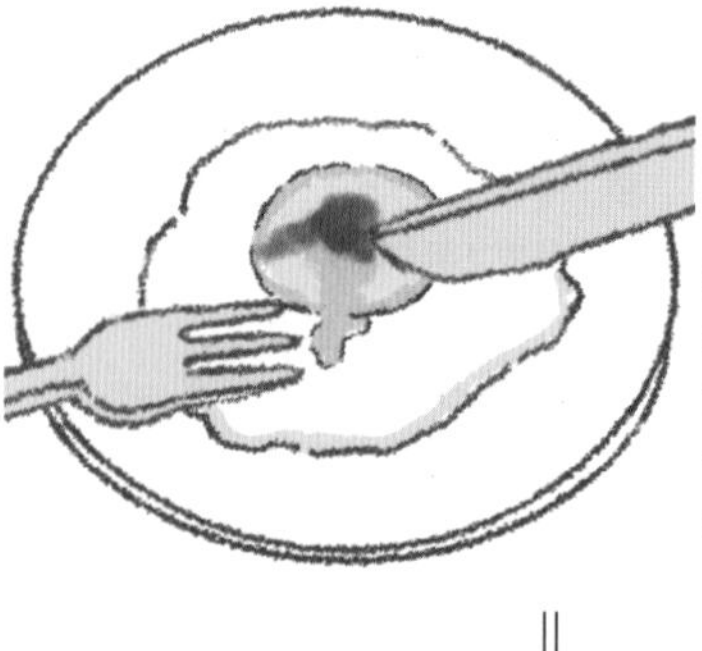

黄身が流れ出ない程度に、黄身の中央をナイフの先で刺します。ソースなどはこの時点でかけましょう。

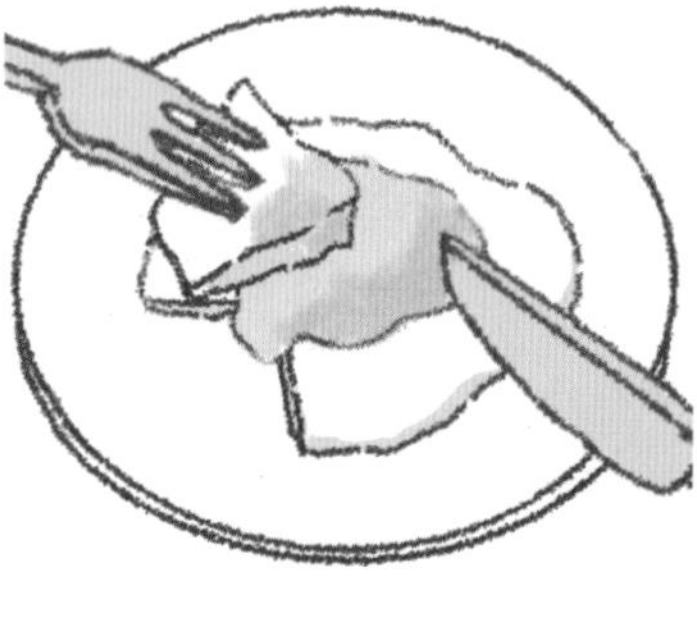

白身を左から一口分ずつカットし、黄身にからめて食べます。箸のときも、箸で一口大に切りましょう。

洋食

日本では、片面焼きにして半熟卵の黄身を崩し、白身とからめて食べるのが好まれますが、黄身による皿の汚れを最低限にとどめられるようにしたいものです。

エッグベネディクトは？

エッグベネディクトは、イングリッシュマフィンとポーチドエッグを組み合わせた、ニューヨーク発祥のメニューです。

小さく切り分けてから食べることはせず、まずは中央からナイフを入れ、二つに分けます。あふれた黄身を、一口サイズに切ったマフィンとベーコンにからめて食べましょう。残り少なくなってきたら、マフィンで残った黄身やソースをぬぐって食べ終えます。

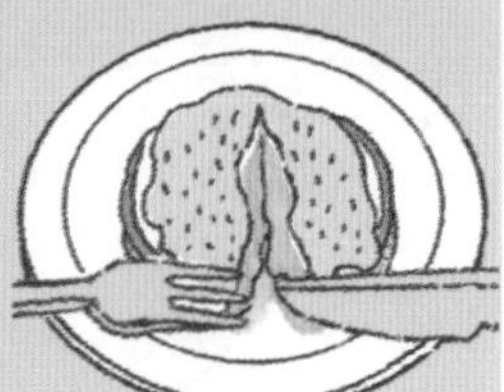

▼ハムエッグなど

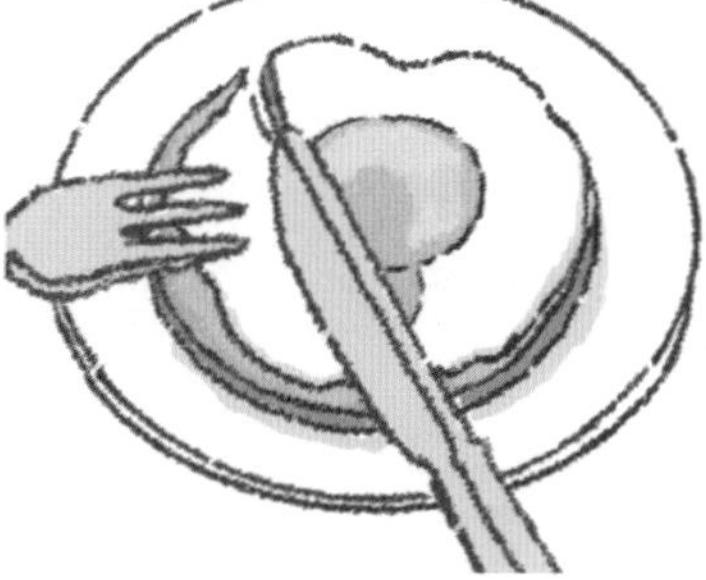

ハムエッグなどのように、目玉焼きの下にハムやベーコンがある場合、白身といっしょにカットし、黄身をつけて食べます。

こんなときは？

黄身部分が固焼きになっている場合は、白身といっしょに左から一口サイズにカットして食べます。黄身だけくり抜くのはやめましょう。

また、ホテルのモーニングビュッフェなどで焼き方を聞かれたら、「固焼きにしてください」「両面を焼いてください」と、好みをそのまま伝えましょう。

オムレツ

フォークとナイフを使うのが正式なマナー

日本でオムレツといえば、具材を入れずに卵だけで木の葉型に焼き上げたプレーンオムレツがおなじみです。しかし世界各地には、野菜などの具材を入れたり、フライパンで丸く焼き上げたりと、さまざまなオムレツがあります。プレーンオムレツの場合、やわらかくてすくいやすいので、フォークだけで食べることが多いですが、ナイフもいっしょに使うのが正式な食べ方です。

食べ方

左側から切って食べます。ケチャップは塗り広げず、ナイフで適宜つけながら食べましょう。

⇓

ナイフを壁にし、フォークを当てるようにして卵をすくうと食べやすいです。

⇓

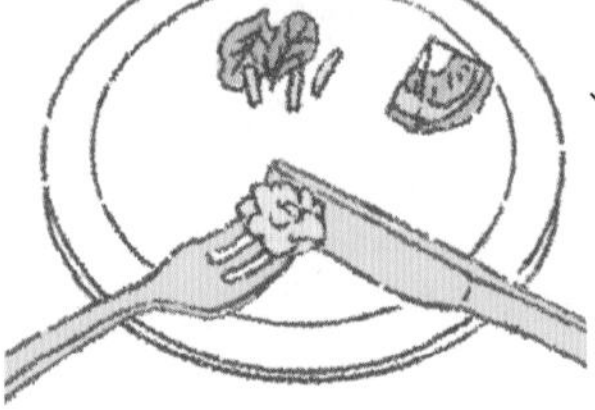

残った卵は、ナイフをペンのように持ち、フォークの内側に集めて食べます。

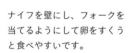

オムライス

どんなタイプでも卵とご飯をバランスよく食べて

オムライスは、卵を焼いた料理を指す「オムレット」と、「ライス」が組み合わさった言葉で、オムレツとご飯がいっしょになったメニューです。発祥には諸説ありますが、日本の洋食屋さんが考案したという説が有力です。トマト味のチキンライスを卵でくるんだものが一般的ですが、スタイルは多様。溶き卵にご飯や具材を混ぜ込んで焼いた、「ご飯入り卵焼き」のようなタイプもあるほどです。

食べ方

▼卵でくるんだタイプ

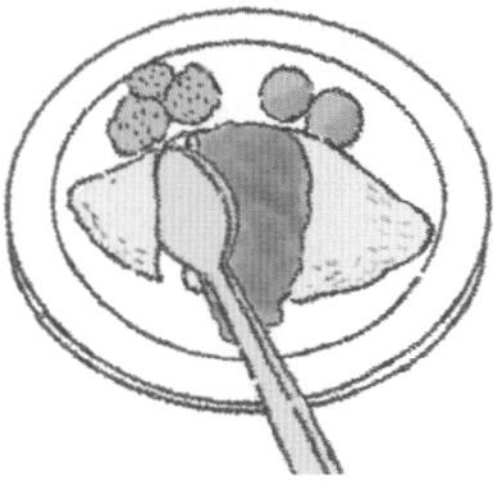

卵でくるんだタイプは、左からスプーンで切って食べます。ケチャップは塗り広げず、足りない部分にはスプーンでつけましょう。

▼オムレツのせタイプ

ライスの上にオムレツがのったタイプは、オムレツを開いて食べても、オムレツとライスを別々に食べてもOKです。オムレツを開く場合は、中央にナイフを横一直線に入れて広げます。

▼デミグラスソースかけタイプ

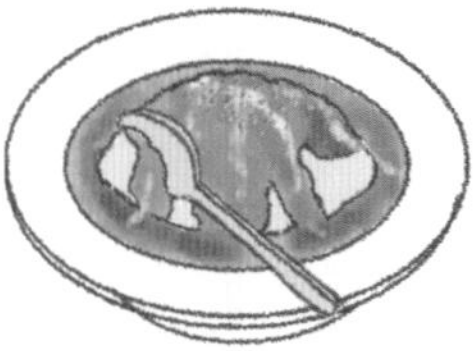

デミグラスソースがかかったタイプは、左から食べ始め、ソースと卵、ライスをバランスよく食べ進めましょう。

魚のムニエル

やわらかい身を崩さずに食べる

魚のムニエルはフランス料理の一つで、塩・胡椒した魚に小麦粉をまぶし、バターでこんがりと焼いた料理です。焼き面のカリッとした食感と、魚の身のやわらかさとのバランスがよく、日本人の口にも合うメニューです。

ムニエルとは、フランス料理における魚の調理法「ムニエ（meunier）」のことで、具材には鮭やカレイ、舌平目を使うのが定番です。レストランでは、骨やヒレを除いた切り身で提供さ

食べ方

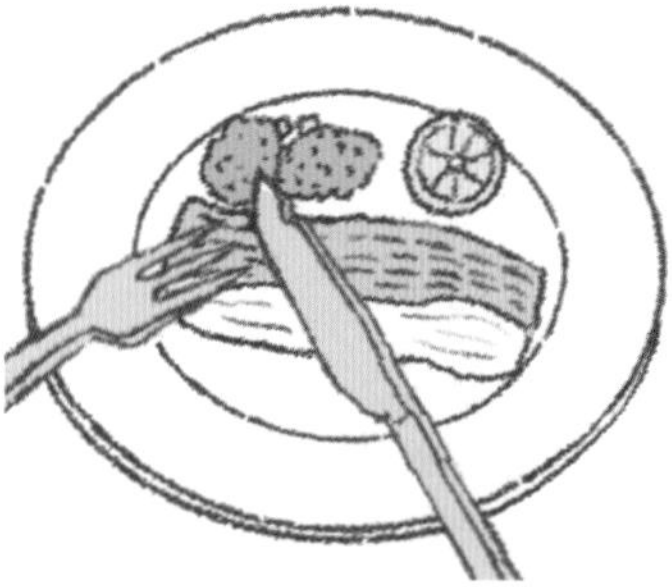

◀ 一口大に切る

左側から一口大に切って食べます。魚の身はやわらかいので、ナイフでやさしく押すように切りましょう。

◀ 皮が硬い場合

皮が硬いなら、フォークで身を押さえ、皮との境目にナイフを入れて外します。皮は切って食べるか、折って皿の右奥に残しましょう。

れるため、魚料理の中では比較的食べやすいメニューといえます。
また、魚のムニエルには、ナイフの代わりにフィッシュスプーンが添えられていることがあります。これはナイフとスプーンの「一人二役」ができる便利なものですので、使い方を覚えておきましょう。

豆知識

魚料理には、フィッシュスプーンやフィッシュナイフが添えられていることがあります。フィッシュスプーンは、ふつうのスプーンよりも平たく、くぼみがあるのが特徴で、ナイフとスプーンの両方の役割を果たします。左手のフォークで魚の身を押さえたら、右手でフィッシュスプーンを立てて持ち、食べやすい大きさに切ります。切り分けた身は、ソースとともに、フィッシュスプーンの上にのせて食べます。一方でフィッシュナイフは、先が尖っているのが特徴です。この先端で、魚の小骨や皮を取り除きやすいようになっています。

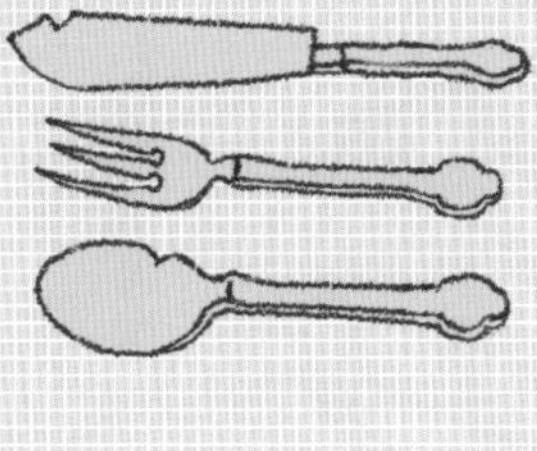

▼レモンについて

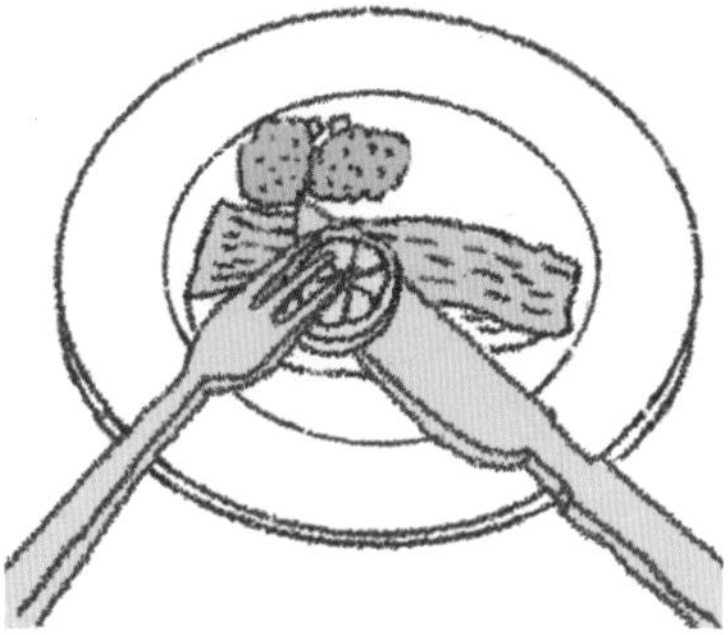

輪切りレモンはナイフとフォークで持ち、身に軽くつけて香り付けします。くし形レモンは、手で絞りましょう。

エビフライ

尻尾は食べても食べなくてもOK

エビフライは、日本で生まれた洋食の一つです。フライ料理にはソースをつけて食べることが多いですが、エビフライには、マヨネーズに玉ねぎやピクルス、ゆで卵などをみじん切りにして混ぜ合わせたタルタルソースが定番です。また、エビフライの食べ方で話題になるのが、エビの尻尾。食べるか食べないかは、お好みでOKです。残す場合は、皿の隅にまとめておきましょう。

食べ方

ナイフとフォークで一口分ずつ切って食べます。箸で食べるときは、箸ではさむようにして一口大に切ります。

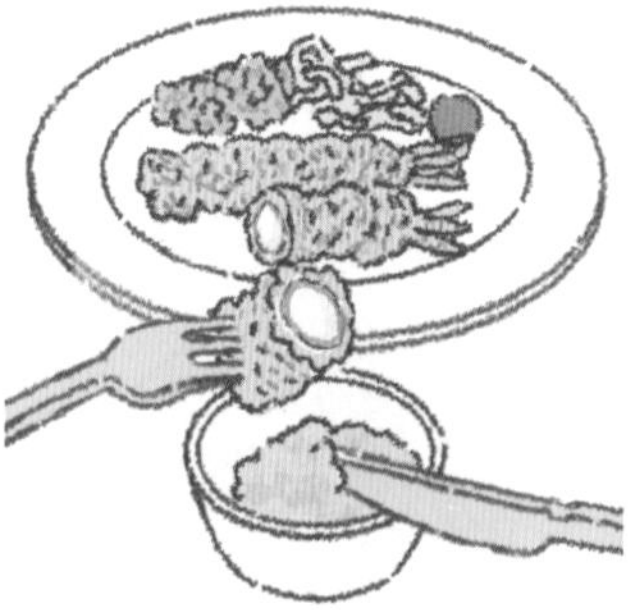

◀ タルタルソースのつけ方

フライをカットしてから、一切れずつタルタルソースをつけます。フライ全体に塗るようにつけるのは美しくありません。

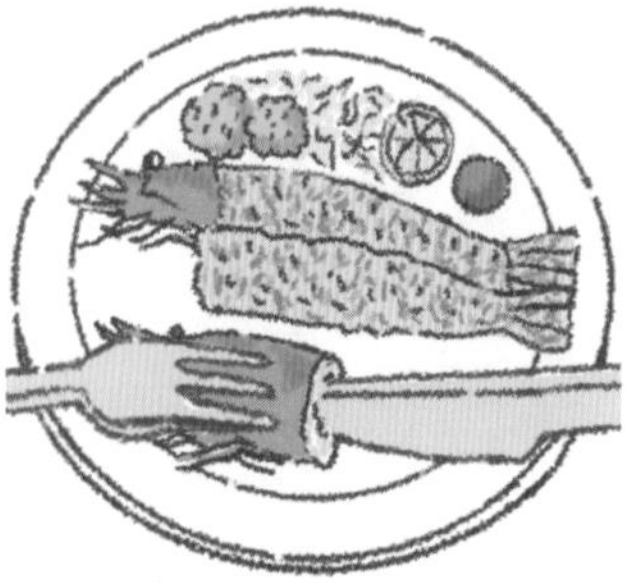

► 有頭エビフライ

エビの頭は最初に切り離します。頭についている身は、フォークで頭を押さえ、ナイフで取り出して食べましょう。

エスカルゴ

巻貝のように殻から身を出して食べる

エスカルゴは、食用カタツムリにガーリックバターなどをからめて焼いた、フランス・ブルゴーニュ地方の郷土料理です。「エスカルゴ」はフランス語で、本来はカタツムリ全般を指します。サザエやアワビに似たコリコリとした食感で、食べ方もサザエなどの巻貝と同じように、殻から身を引き出して食べます。溶けたバターソースは、バケットにつけて食べてもOKです。

食べ方

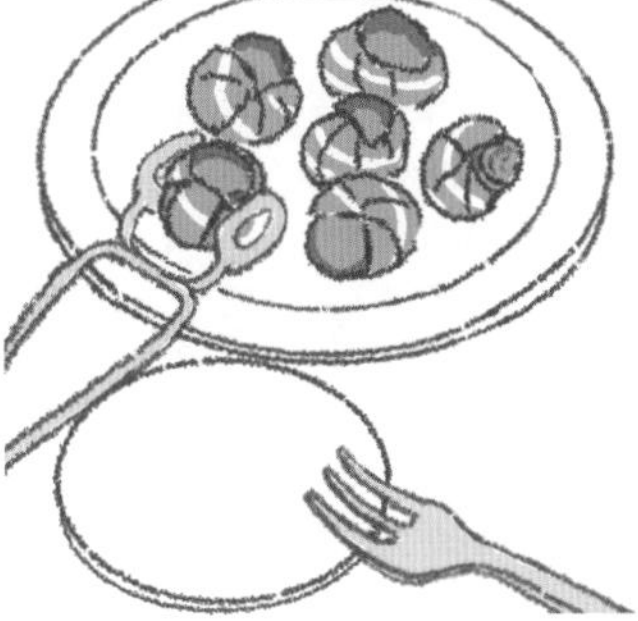

熱いので手では触れず、左手でトングを持ってつかみましょう。口が開いているほうを上にして皿に置きます。

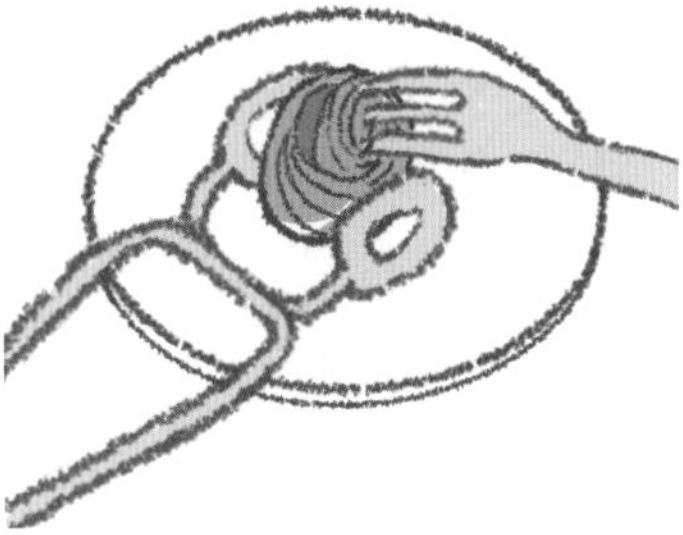

トングで固定したら、ピックやフォークで身を引き抜いて食べます。食べ終えた殻は、口を下にして伏せます。

クリームコロッケ

熱いときは「フーフー」せずに切ってから冷まして

コロッケは日本で生まれた洋食の一つで、「クロケット」というフランスの料理をもとに作られました。クリームコロッケは、本来のクロケット同様に中身がホワイトソースでできており、老舗の洋食店のメインメニューとしてもおなじみです。揚げたては中身が熱いため、息を吹きかけたくなりますが、それは子どもっぽい印象になってしまいます。切ったあとに冷ましてから食べましょう。

食べ方

コロッケを横向きにし、左からカットして食べます。フォークに刺しづらい場合は、フォークの内側にのせて食べてもOKです。

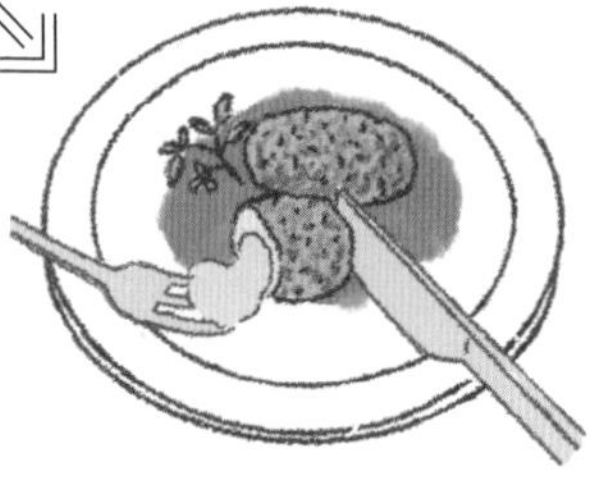

中のクリームがあふれたら、衣にのせて食べましょう。

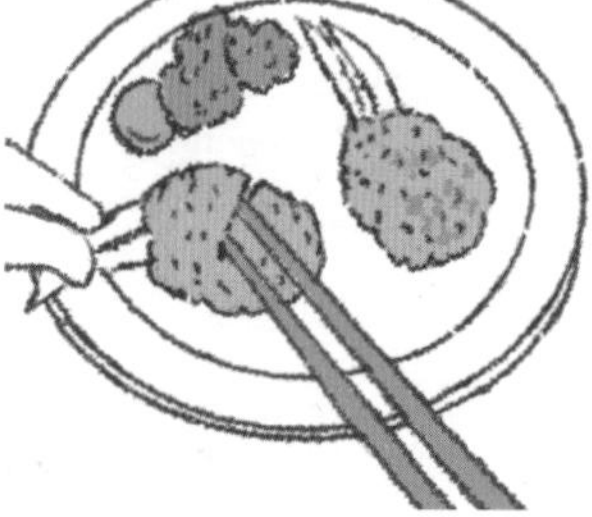

◀ **カニ爪付きクリームコロッケ**

爪を右に移動させてから、カットして食べましょう。箸のときは左手で爪を持ち、箸でカットします。

ソーセージ

皮を剥くタイプもナイフとフォークで食べる

ソーセージは、ひき肉に塩や香辛料などを混ぜ、動物の腸などの食べられる袋に詰めた食品です。3000年ほど前にエジプトや中近東あたりで生まれ、燻製技術によって長く保存できる食品となりました。国や地域で味付けや作り方が異なりますが、どんなタイプのものでも、ナイフとフォークで食べるのが基本です。皮を剥いて食べるタイプもあるため、食べ方を覚えておきましょう。

食べ方

▼一般的なソーセージ

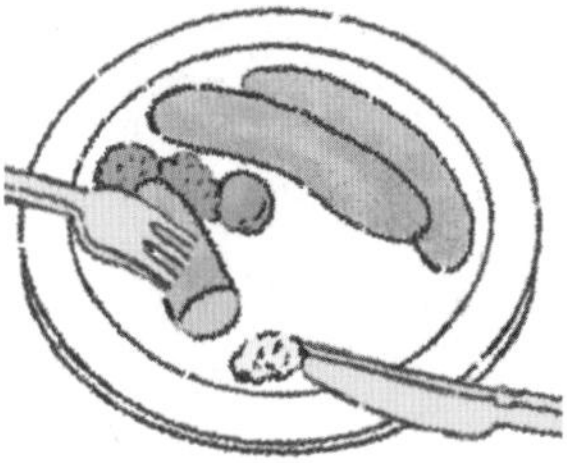

カットしたソーセージに、ナイフで適量のマスタードをつけて食べます。かぶりつくのは上品ではありません。

▼白いソーセージ

白いソーセージ（ヴァイスヴルスト）は、皮をむいて食べるのが特徴です。

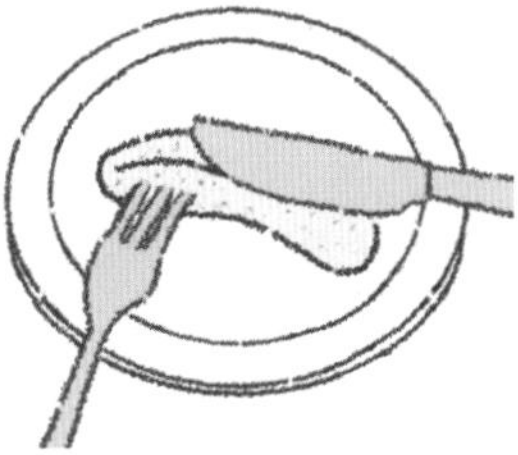

ソーセージを横に置き、手前からフォークを刺したら、ナイフで横に切れ目を入れます。

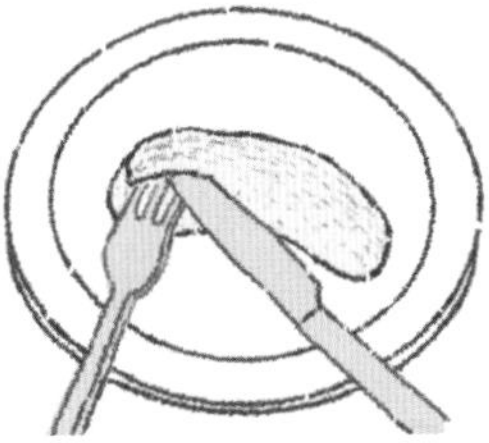

切れ目近くの身にフォークを刺し、皮との間にナイフを入れ、ソーセージを回します。

ステーキ

ナイフとフォークの所作が際立つメニュー

ステーキは、厚切りの肉を鉄板で焼いた料理です。肉そのものの味を楽しめるシンプルな料理で、肉の部位や焼き加減で味わいが変化します。ナイフとフォークの所作が際立つメニューでもあるので、スマートに食べられるようにしたいものです。また、ステーキに使用されることの多い肉の部位の特徴を覚えておけば、好みの味わいをスムーズに選ぶことができます。

サーロインはサシ（脂肪）が入り、

食べ方

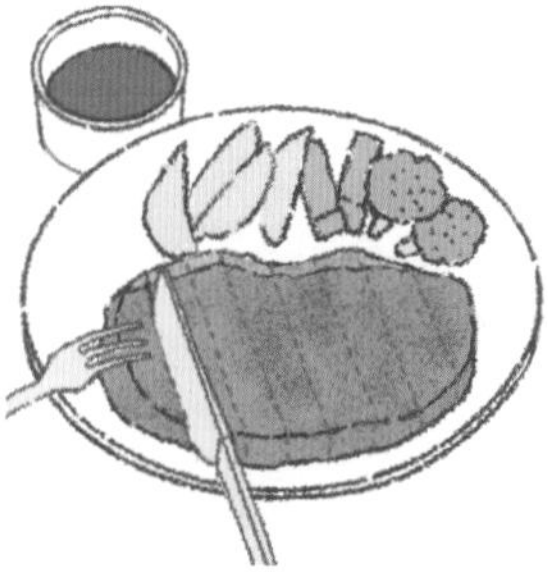

◀ 左側から斜めに切る

肉の左側にフォークをあて、すぐ横に、斜めにナイフを入れます。ナイフはやや立てるようにして持ち、刃先に力を入れて手前に引く動作をくり返すと切れやすく、音も出にくいです。ナイフの刃全体をステーキに押し当て、のこぎりのように前後させるのは上品に見えません。

► 一口分ずつ切って食べる

肉を斜めに切ることで、自然に脇が締まり、エレガントな動きになります。一口分ずつ切っては食べ、切っては食べをくり返します。肉と付け合わせは均等に食べ進め、同時に食べ終えるようにしましょう。

赤身肉の旨味が強い部位です。ヒレ（フィレ）は脂肪が少なく、やわらかいのが特徴です。背中側の筋肉にあたるリブロースは、細かな脂肪が入った、旨味を感じやすい部位です。ランプは赤身でありながら、サーロインからつながる部位であるため、適度に脂肪分が入っています。

豆知識

ステーキの焼き加減にはいくつか種類がありますが、ここでは代表的な4つをご紹介します。「レア」は3割ほど火を通し、中はまだ赤い状態です。「ミディアムレア」は5割ほどの火通りで、中はピンク色です。「ミディアム」の火通りは7割で、中には薄いピンク色が残っていますが、全体に火が通った状態です。全体をよく焼いた状態の「ウェルダン」は、しっかりした食感を味わえます。

Tボーンステーキは？

Tボーンステーキは、T字の骨の左右についたサーロインとヒレを同時に味わえるステーキです。シェアして食べる際には、まずはT字の横の骨を右にして、手前側を左から一人分ずつ縦にカットし、横（骨についた部分）を切ります。その際、肉を完璧に取ろうとはせず、骨にある程度残すようにナイフを入れます。その後、ステーキを回転させ、残った側も同様に切ります。

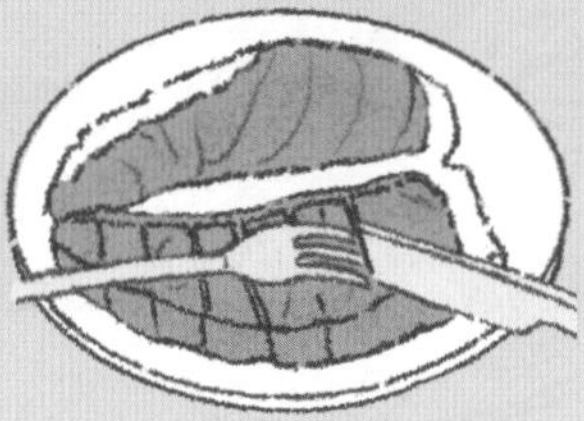

NG

最初にすべてを一口大に切り分けるのは、せっかくの肉汁が流れ出てしまうことに。「食べるときに食べる分だけを切る」という原則を忘れずに。

ローストビーフ

ジューシーな肉を付け合わせとともに味わう

ローストビーフは伝統的なイギリス料理で、牛のかたまり肉を蒸し焼きにしたメニューです。中がピンク色であるため、生食のように思えますが、しっかり加熱調理されています。薄くスライスし、肉汁を使ったグレイビーソースをかけて食べます。付け合わせにクレソンやマッシュポテト、薬味としてホースラディッシュが添えられていますので、ジューシーな肉の味わいとともに楽しみましょう。

食べ方

◀ 折りたたんで食べる

スライスされたものを折りたたみ、フォークに刺して食べましょう。折りたたむと厚みが出てしまう場合は、一口大にカットします。いずれの場合も、ソースにつけながら食べます。

▶ ホースラディッシュ&マッシュポテト

ホースラディッシュはべたべた塗らず、少量を点でつけるようにします。マッシュポテトは、ナイフでフォークの内側にのせて食べましょう。

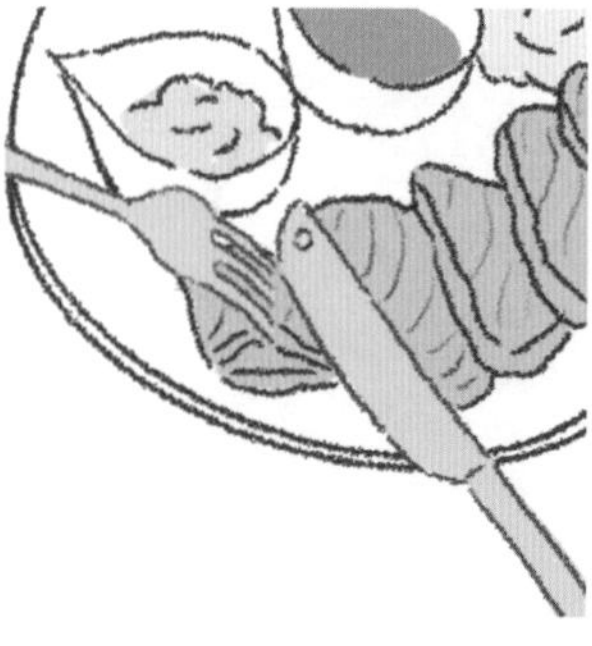

洋食

洋食

ローストチキン

かぶりつかずに ナイフで上手にカットして

ローストチキンは、鶏肉をあぶり焼きしたものです。アメリカにおいて、感謝祭などで七面鳥を焼いて食べる習慣がもとになった料理で、日本では入手しにくい七面鳥の代わりに鶏肉を使うようになりました。クリスマスの定番メニューでもあるローストチキンの多くは、骨付きのもも肉です。骨を持ってかぶりつくのではなく、ナイフとフォークでスマートに食べるようにしましょう。

食べ方

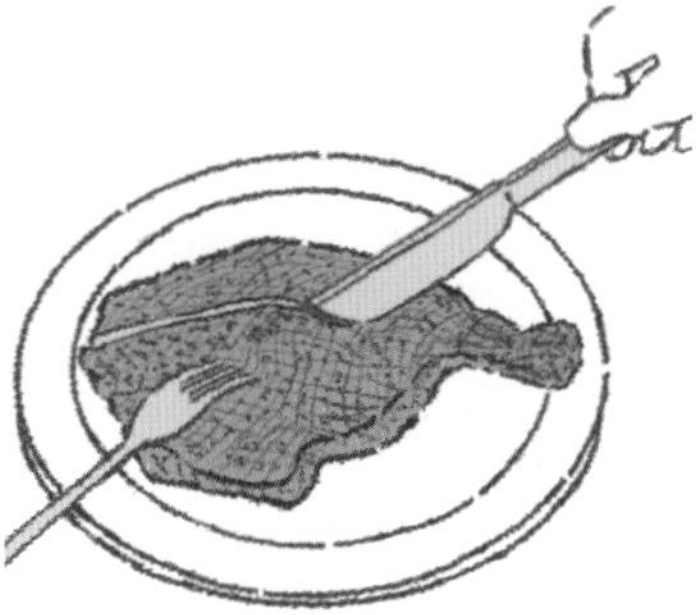

骨に添ってナイフを入れ、手前の肉を骨から切り外します。骨から外れた肉を、左側から一口大にカットして食べましょう。

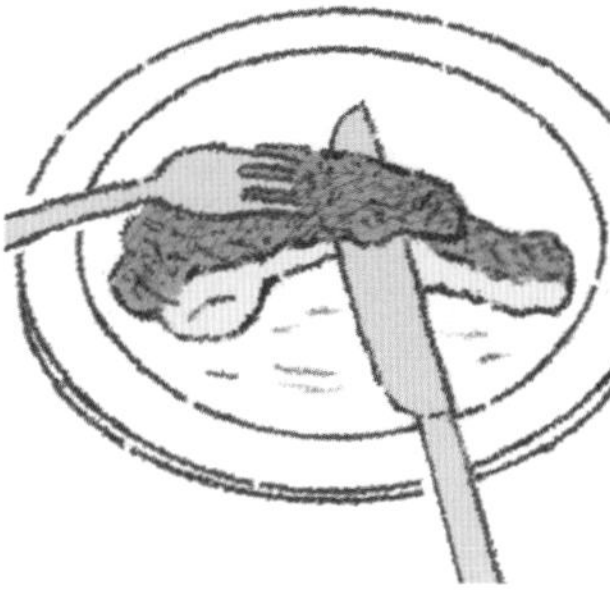

骨に残った肉は、ナイフの刃を横にして、削ぐように外します。取りにくい肉は、無理をして外す必要はありません。肉が骨に少し残っていてもOKです。

ロブスター

半身の殻をナイフとフォークでうまく外して

大きなツメと、ぷりぷりとした身が特徴のロブスター。高級食材の一つで、フランス語の「オマール」という名で呼ばれることもあります。

ロブスターを丸ごとゆでたメニューもありますが、結婚披露宴などのお祝いの席では、半身にしたロブスターに、ホワイトソースやチーズをかけて焼いた「テルミドール」として提供されることが多いです。網焼きしたロブスターに、ロブスターの殻や香味野菜など

食べ方

殻付きのロブスターは、殻の上でカットすると不安定なので、殻から出してカットします。

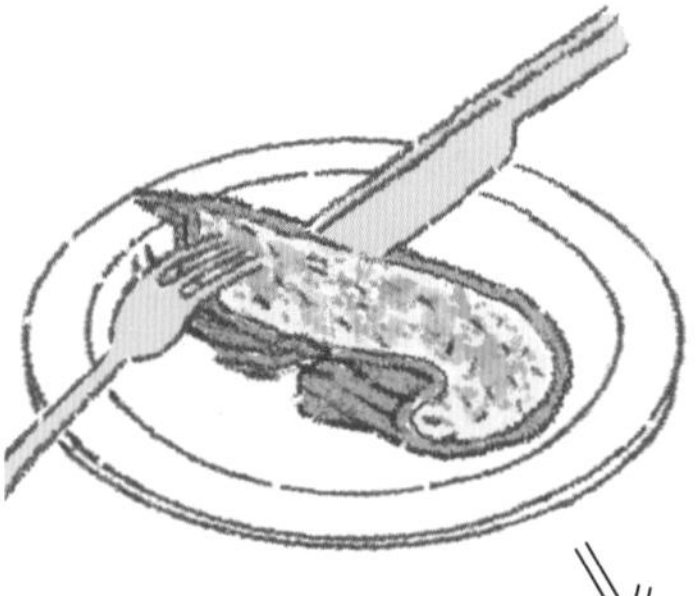

フォークで頭側を押さえたら、ナイフを殻と身の間に深く入れ、頭から尾に向かって動かして身をはずします。

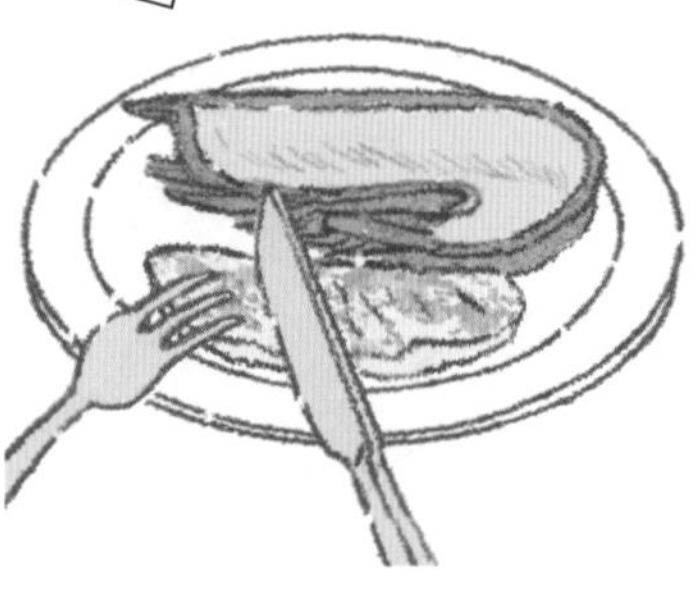

身を皿の手前に置き、左から切って食べます。身がカットされている場合は、フォークで刺して食べてOKです。

を煮詰めたアメリケーヌソースをつけて食べる「グリエ」も、ロブスターを使った代表的なメニューです。また、ロブスターの殻を煮詰めてつぶし、裏ごしして作る「ビスク」は、濃厚なクリームスープとして多くの人に好まれています。

ビスク以外のメニューでは、半身を殻付きで提供されることがほとんど。ナイフとフォークでスマートに殻を取り除くようにしましょう。

こんなときは？

洋食はナイフとフォークで食べるのが基本ですが、ロブスターのような手を使わないと食べにくい料理には、指を洗うためのフィンガーボウルが添えられていることがあります。洗う際には、ボウルの水に指の第二関節までを入れて軽くすすぎ、ナプキンで水分を拭きとりましょう。

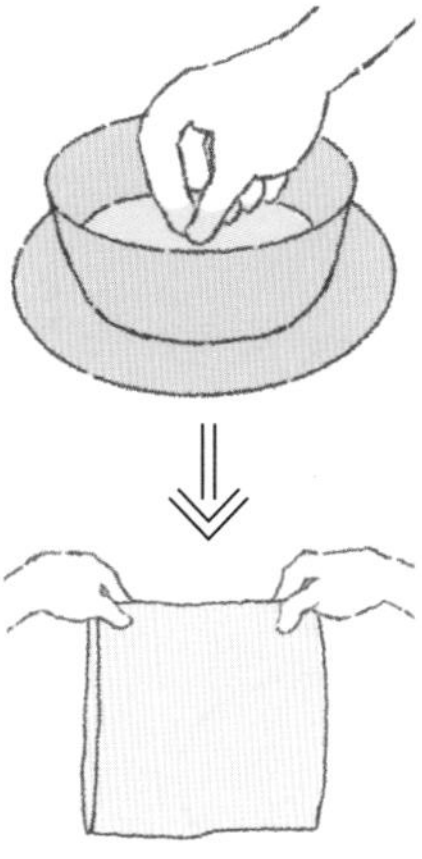

NG

頭に詰まった身は無理にほじくり出さず、フォークで軽くかき出す程度にとどめましょう。

豆知識

ロブスターの食感は伊勢エビよりもプリプリとしていて弾力があり、味はエビとカニのおいしいところを足したようだといわれています。アメリカでは、茹でたロブスターをロールパンに挟んだ「ロブスターロール」が名物料理です。

チーズフォンデュ

洋食

チーズをからめる楽しさを味わって

スイスを中心とした、山岳地帯の郷土料理であるチーズ・フォンデュ。「フォンデュ」は、フランス語の「溶かした（fondu）」という言葉が由来で、その名のとおり、おろしたチーズを白ワインで溶かしたものに、パンや温野菜などの具材をからめて食べるメニューです。

もともとは、硬くなったパンをやわらかくして食べるための方法だったといわれていますが、正確な発祥はわか

食べ方

具材はいずれも一口サイズにカットされています。そのうちの一つを串に刺しましょう。

鍋のチーズにつけたら串を回し、チーズをからめ取って引き上げます。チーズは串までつけないようにします。

っていません。現在では、カジュアルなパーティーなどで提供されることが多く、具材の豊富さや、チーズをからめる際の面白さなどを楽しめるメニューとなりました。そのため、食べ方に特別な決まりはありませんが、フォンデュ鍋を囲む人たちに不快感を与えないよう、気持ちよく食べられるように心がけましょう。

豆知識

「フォンデュ」と名のつくメニューは、チーズフォンデュ以外にもあります。温めたオリーブオイルで具材を素揚げにするオイルフォンデュは、海外では「フォンデュブルゴーニュ」と呼ばれています。また、チョコレートフォンデュは、溶かしたチョコレートにマシュマロやフルーツをからめて食べるメニューです。

取り皿に移したら、串から外してフォークで食べます。串は何度も使うので、直接口をつけるのはNGです。

NG

具材をポットに落とすのはNG。また、親しい人と食べるときには、フォークに具材を刺し、そのままチーズをつけて食べることもありますが、チーズの二度づけはしないなど、心づかいをしましょう。

ピザ

イタリア風とアメリカ風で食べ方が異なる

ピザは、パーティーなどでカジュアルに楽しめるメニューとしておなじみです。本場はイタリアですが、アメリカの国民食でもあり、両者にはそれぞれ違いがあります。

イタリアでのピザの名称は「ピッツァ」で、生地を味わう料理であるため、具材はとてもシンプル。生地の種類には、やや厚みがあってモチモチしたナポリ風や、薄くてサクサクとした食感のローマ風などがあります。食べる際

食べ方

イタリア風

ナイフとフォークで食べますが、カジュアルな場面では手でもOK。

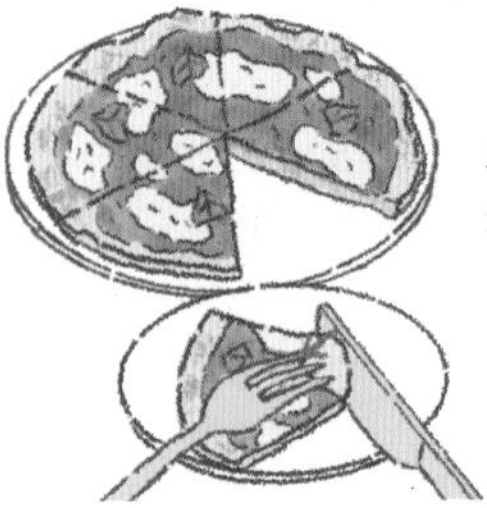

ピザカッターで1ピースを切り、取り皿に置きます。フォークとナイフで、先端の尖った部分を少し折りこみます。

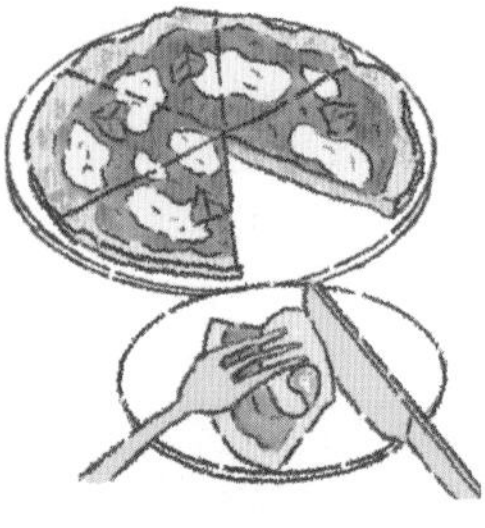

折った部分を軸にしてフォークで押さえ、ナイフでくるくると巻きます。

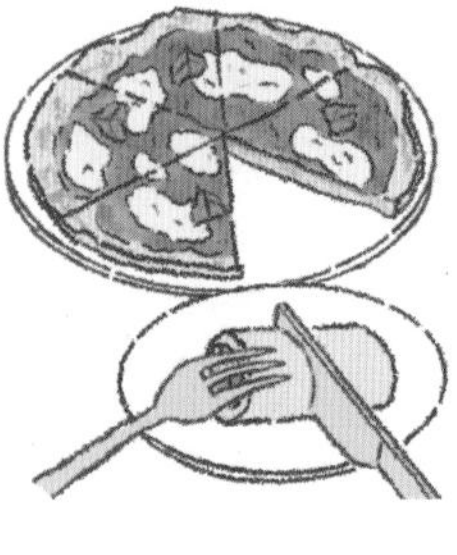

巻いて棒状になったものを横向きにし、左から一口サイズにカットして食べましょう。生地が厚くて巻きにくい場合は、巻かずに左側から切って食べます。

にはナイフとフォークを使い、通常一人で一枚を食べます。

一方でアメリカのピザは、大きく厚みのある生地に、具材がたっぷりのっています。具材のバリエーションも豊富で、日本の宅配ピザの多くがアメリカ風です。扇状に切ってシェアしたら、手で食べてもOKです。

こんなときは？

ピザの耳を残してもいいかどうかは、本場イタリアでも明確な決まりはありません。しかし、食材への感謝やシェフへの敬意を考えれば、できる限り残さないことをおすすめします。おなかがいっぱいのときは無理をする必要はありませんが、口をつけたものはなるべく皿に残さないようにしましょう。

アメリカ風

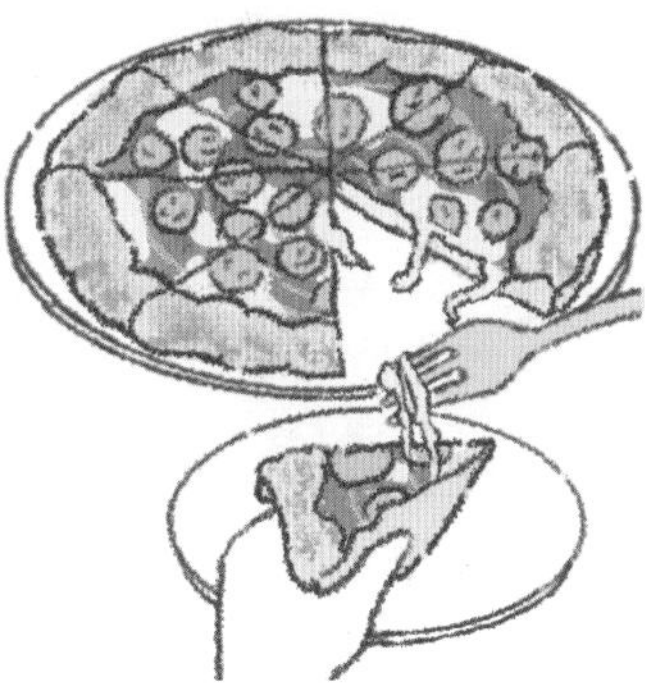

カットしたものを手で持って食べます。中央をへこませるように折り曲げて持てば、チーズや具がこぼれにくくなります。のびたチーズは、フォークですくってピザの上にのせましょう。

カルツォーネは？

カルツォーネは包み焼きのピザです。サイズが小さいものは、手に持ってそのまま食べてOKですが、大きいものは切ってシェアします。カットする際には、ふくらんだ部分をピザカッターとスプーンで押さえ、空気を抜いたあとで食べやすい大きさに切り分けます。

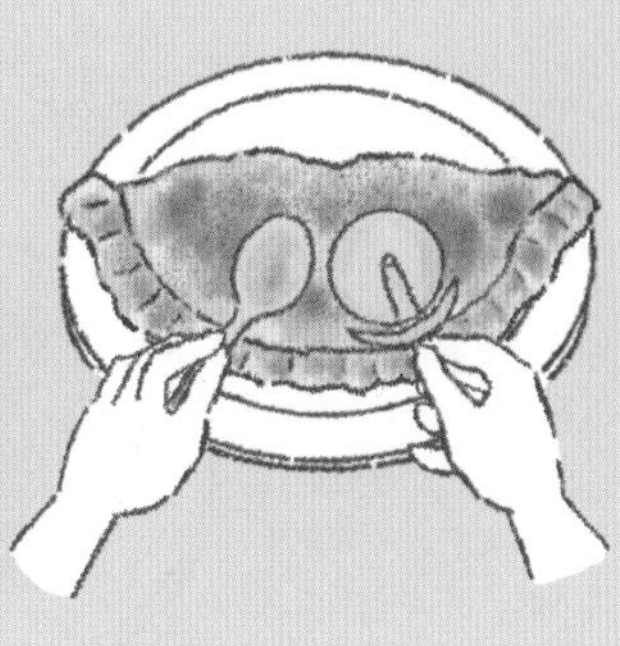

スパゲティ

美しく食べるコツはフォークに取る麺の量

イタリアでは、麺類全般を「パスタ」と呼びます。その中でも、丸麺で長いパスタの名称が「スパゲティ」です。ちなみにイタリアでは、直径が1.4〜1.9ミリ程度のものだけをスパゲティと呼んでいます。

老若男女問わず人気のミートソースをはじめとして、さまざまな味付けで楽しめるのがスパゲティの特徴です。ナポリタンなどの日本独自の味付けもあり、ランチやカフェメニューの定番

食べ方

フォークでスパゲティを数本取ります。量が多いと、うまく巻き取ることができません。ソースがかけられているものは、食べる分にだけソースをからめます。

皿の空きスペースで、一口サイズに巻き取ります。このとき、フォークを垂直に立てると、きれいにまとまります。そのまま口に入れ、すすらずに食べきります。

洋食

となっています。

ソースがかかっている長いスパゲティを美しく食べるには、フォークに取るパスタの量を少なめにして、一口サイズにまとめることがポイントです。

また、パスタを巻き取る際には、ソースが飛び散らないように気をつけてフォークを回しましょう。

豆知識

ショートパスタとは、マカロニやペンネなどの短いパスタのことです。これらはフォークですくって食べるのが基本です。しかし、うまくすくえずにフォークから落としてしまいそうなときは、フォークに刺して食べてもOKです。ただし、ペンネやマカロニの穴にフォークを刺すのは避けましょう。

ボンゴレは?

たっぷり入ったアサリの身は、食べるたびに外すようにします。左手で貝殻を持ち、右手のフォークで身を外したら、スパゲティとともに食べましょう。汚れた指先はナプキンで拭きます。

食べ終えた殻は、皿の右奥にまとめましょう。

スープスパゲティは?

スープスパゲティを食べる際には、スパゲティはフォーク、スープはスプーンと、カトラリーを持ち替えます。スープはすすらず、スプーンに唇をつけて、口の中に流し込むようにしましょう。フォークに取ったスパゲティから垂れるスープが気になるなら、スプーンで受けてもOKです。

NG

イタリアでは、スプーンを使ってパスタを食べるのは子どもだけです。そのため、大人はフォークだけでスマートに食べたいものですが、ソースの飛び散りが気になるときは、スプーンを使ってもOKです。

グラタン・ドリア

のびるチーズの扱いに注意
出来立てを上手に冷まして

グラタンは、「焼いて焦げ目をつけた」という意味のフランス語です。もともとは料理法の名称で、この手法で作られる料理全般をグラタンと呼びます。しかし日本では、ホワイトソースにパスタなどを加え、オーブンで焼いたメニューが「グラタン」として定着しました。昭和初期には、グラタンに似た料理として、ピラフの上にホワイトソースをかけて焼いたドリアが日本で誕生しました。

食べ方

グラタンもドリアも、食べ方は同じです。

◀ **左側から食べる**

皿の左側からフォークですくって食べます。熱い状態で提供されるため、少量をフォークにとって熱を逃がしてから口に運びましょう。冷まそうとしてかき混ぜるのはNGです。

► **のびたチーズ**

のびたチーズは、グラタン皿の上でからめとっておきましょう。のびたものを指でフォークにのせるのは美しくありませんし、不衛生です。

洋食

ラザニア

重なった具材のハーモニーを楽しんで

ラザニアは平らなシート状のパスタのことで、ラザニアを使った料理のことも「ラザニア」と呼ばれています。深さのある料理としてのラザニアは、深さのある容器に、ラザニアやミートソース、ホワイトソースなどを何層にも重ねて、最後にチーズをかけて焼いたものです。重なった層を切って食べるのは少々難しいですが、層をバラバラにすることなく、組み合わさった具材の味わいを楽しみましょう。

食べ方

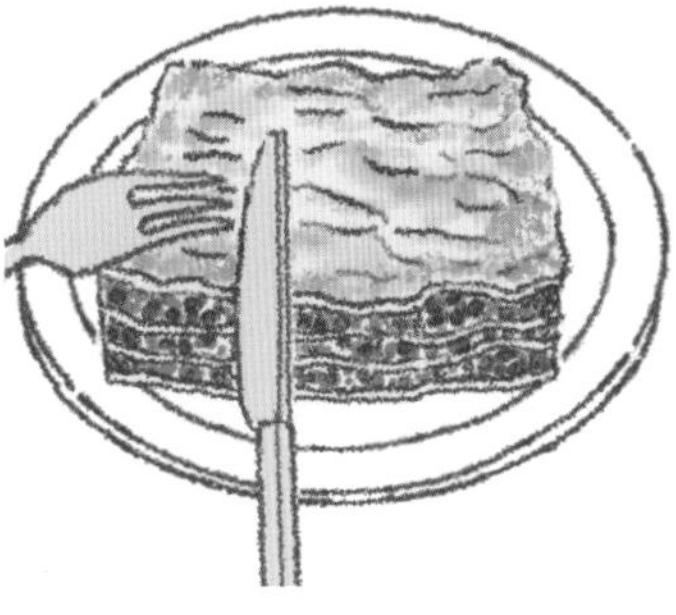

ナイフとフォークで食べます。左から一口大に切り分け、フォークにのせて食べます。数人でシェアするときは、取り皿に取ったものを同様に食べましょう。

NG

上から層をはがすように食べるのはやめましょう。パスタと具材をいっしょに味わいます。

洋食

パエリア

シェアするときには魚介の具材を均等に

パエリアを一言で説明すると、「スペイン風の炊き込みご飯」。米を炒めたところに、エビやムール貝などの魚介類を中心に、パプリカ、マッシュルームなどの具材を入れ、サフランを加えて炊き上げます。調理に使うのは、浅くて大きいフライパンのような、パエジェーラという専用の鍋です。

昼食を多めにとる習慣のあるスペインでは、パエリアをよくランチで食べます。また、パエリアの発祥の地であ

食べ方

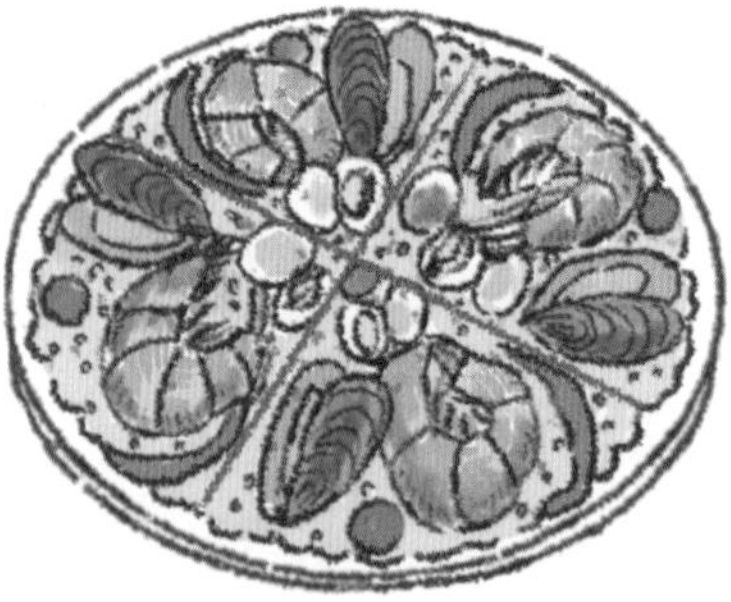

ムール貝などの大きな具材が、放射線上に人数分盛り付けられています。シェアして食べるときには、これらの具材の量を目安に、自分の分を取り分けましょう。

▼ムール貝

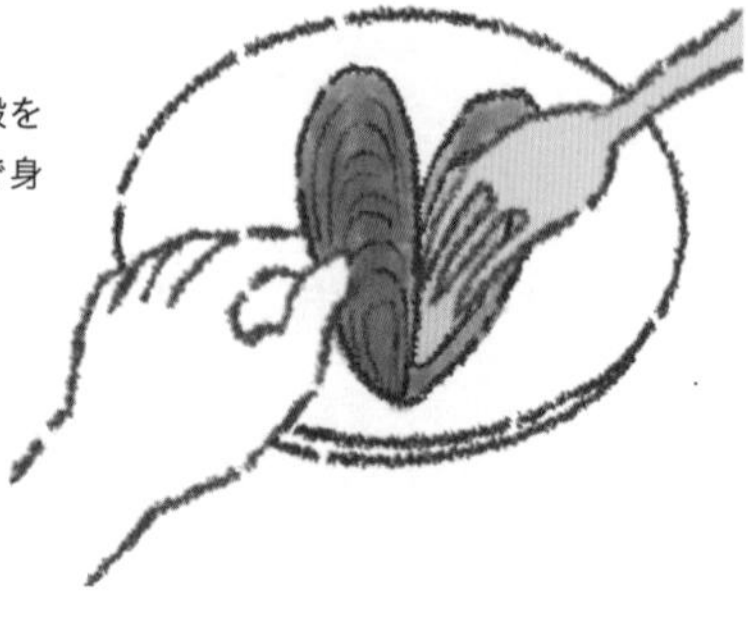

ムール貝は左手で殻を押さえ、フォークで身を取り出します。

洋食

るバレンシア地方では、休日に父親がパエリアを作る習慣が根づいています。

大勢でシェアして食べるときには、具材をみんなで均等に分け合いましょう。ニンニクと卵黄を使ったアイオリソースを、好みで少量ずつつけて食べてもＯＫです。

豆知識

アメリカ・ルイジアナ州の郷土料理であるジャンバラヤは、パエリアにルーツを持つ料理です。パエリアには魚介類の具材が多く使われるのに対し、ジャンバラヤは野菜と肉がメイン。多くのジャンバラヤはスパイスで味付けしますが、ニューオーリンズ風のジャンバラヤはトマトベースで味付けをします。

▼有頭エビ

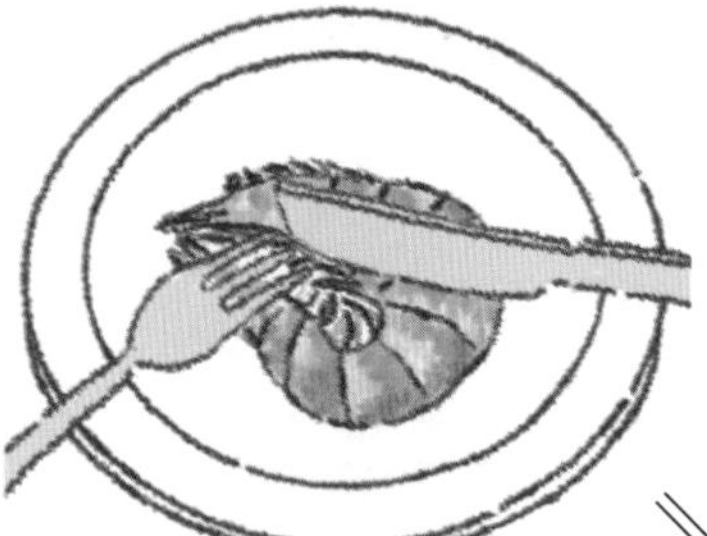

有頭エビは、頭を左に向けてフォークで押さえ、頭と身の付け根にナイフを入れて頭を外します。頭にミソがあれば、かき出してもOKです。

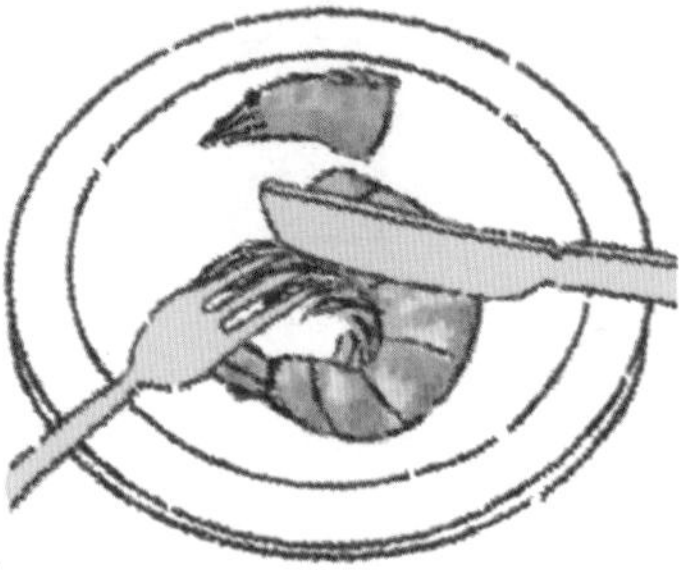

フォークで脚を押さえたら、ナイフで脚を付け根から外しましょう。

身と殻の間にナイフを入れ、殻を外します。ナイフが使いにくいときは、手で外してもOKです。エビが半身の場合も、同様に殻を外しましょう。身は左側から切って食べます。

オニオングラタンスープ

洋食

「飲む」よりも「食べる」イメージで口に運ぶ

オニオングラタンスープは、オニオンスープにバゲットを浮かべ、チーズをのせてオーブンで焼いたものです。高級レストランではなく、ビストロのようなカジュアルなレストランで提供されるメニューで、フランスでは二日酔いに効くとされています。スープとはいえ、バゲットが入っているため、スープだけ飲むのではなく、スープともども「食べる」イメージで口に入れるようにしましょう。

食べ方

まずはスプーンで、スープを一口いただきましょう。このときにバゲットが浮いていたら、軽く沈めるようにします。

⇓

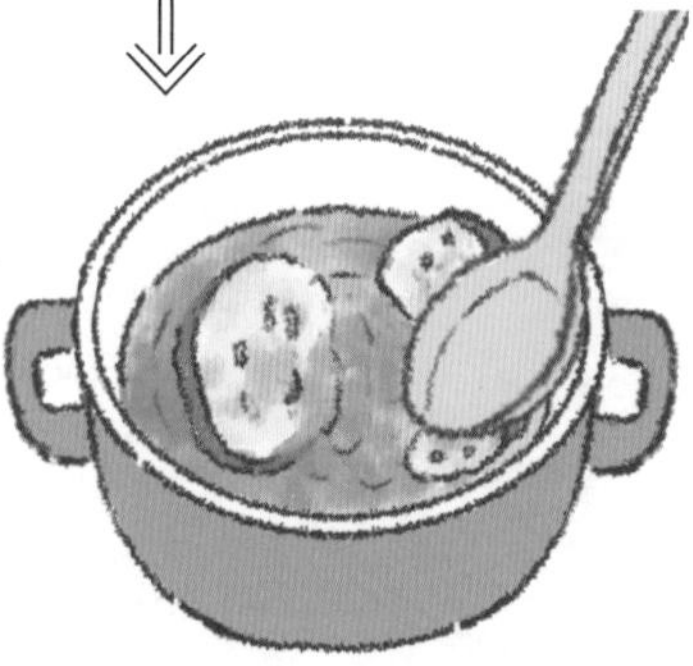

バゲットがスプーンで切れるくらいやわらかくなったら、スプーンで一口ずつすくい上げて食べます。バケットがすくいにくいときは、カップに当てて切りましょう。

ポタージュ

洋食

本来の「ポタージュ」はスープ全般のこと

ポタージュは、フランスではスープ全般を指す言葉で、コンソメやブイヤーベースなども、すべてポタージュの一種とされています。しかし日本では、食材を煮溶かした、とろみのあるスープだけを「ポタージュスープ」と呼んでいます。ポタージュスープをはじめとしたスープの食べ方は、イギリス式とフランス式で少し違いがあります。ここではイギリス式の食べ方をご紹介します。

食べ方

スプーンを手前から奥に動かし、スープをすくいます。一度にすくう量は、スプーンの際から1〜2ミリ下を目安にして、こぼれないようにすくいましょう。

⇓

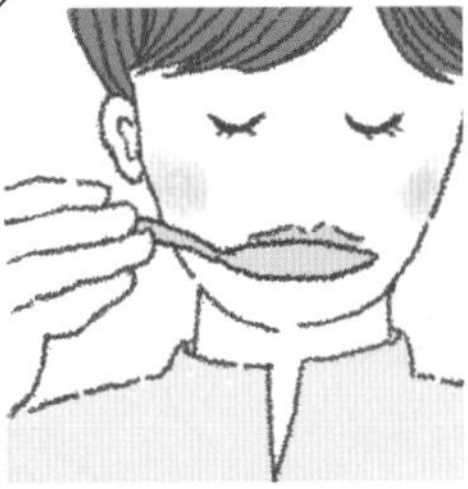

スプーンを水平にしたまま、横に下唇を当てて、スープを口に流しこむようにします。すすると音が出てしまうので、「流す」ことを意識しましょう。

⇓

量が少なくなったら、皿の手前を持ち上げ、奥に傾けて残りをすくいます。完全にすくう必要はなく、皿に少し残っていてもOKです。食べ終えたら、スプーンは皿の奥に置きます。

バゲット

コース料理の合間にちぎって食べる

フランス語で「棒」や「杖」を意味するバゲットは、フランスでもっともポピュラーなパンです。クラストと呼ばれる外側のパリッとした食感と、香ばしい風味が醍醐味。日本では「フランスパン」という名称でおなじみです。コース料理では、前菜やスープとともに提供されます。バゲットだけを食べるのではなく、それぞれの料理をいただく合間に食べるようにしましょう。

食べ方

▼一口大にちぎる

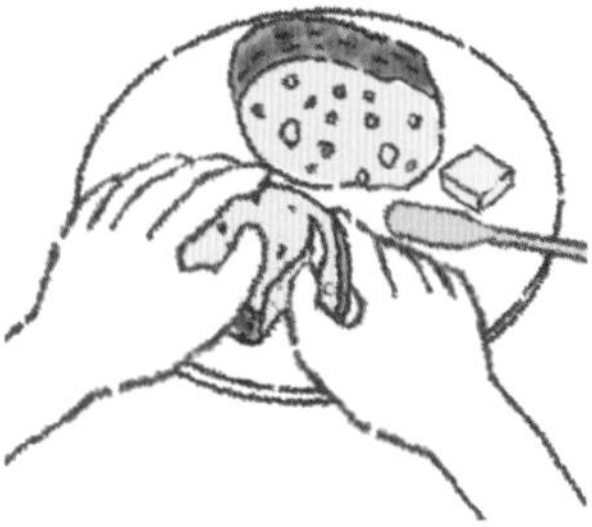

かじりつかず、一口大にちぎって食べます。バゲットを持ち上げずパン皿に触れた状態でちぎれば、パンくずが飛びません。

▼バターをのせる

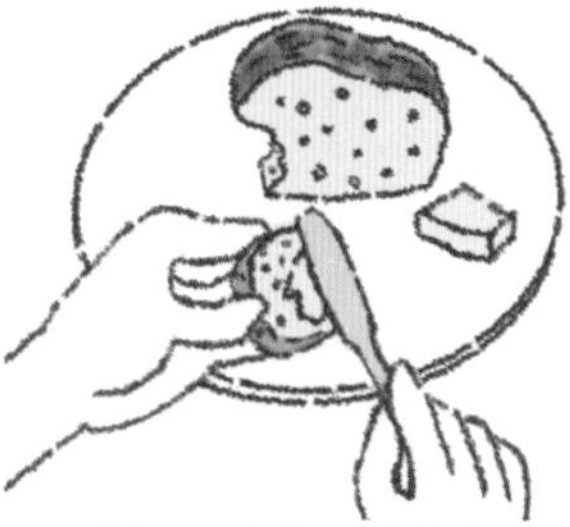

バターはバゲットをちぎってから、少量ずつのせます。使用中のバターナイフは、刃を自分に向けて、横向きに置きます。

こんなときは？

カジュアルな席であれば、料理の残ったソースをバゲットにつけても問題ありません。一口大のパンをフォークに刺して、ソースをつけましょう。

ブルスケッタ

洋食

具材をこぼさないようにかじって食べて

ブルスケッタは、イタリア料理における前菜の定番メニューです。「炭火であぶる」という意味の、ローマ地方の言葉「ブルスカーレ（bruscare）」が名前の由来。薄くスライスしたパンを焼いてニンニクを塗り、好みの具材をトッピングして食べます。手で食べられるカジュアルなメニューですので、細かいマナーはありませんが、かじる際には具材をこぼさないように気をつけましょう。

食べ方

上に具材をのせたまま、かじって食べましょう。

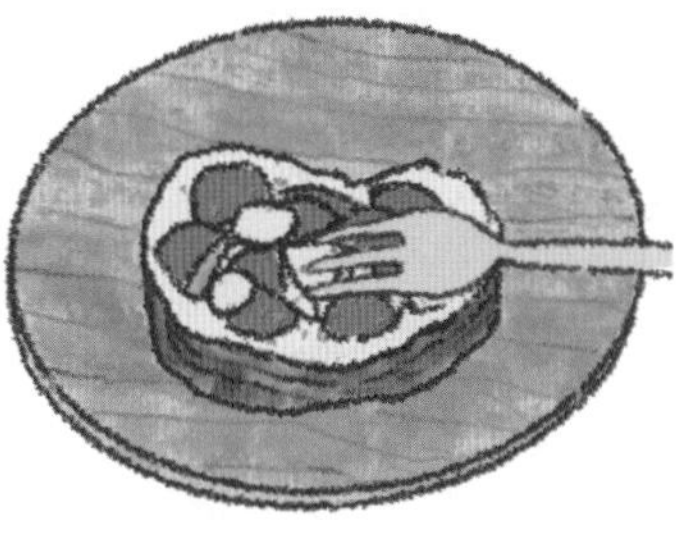

上にのった具材を軽くフォークで押し、パンになじませます。パンが硬そうなら、皿の上で少しちぎり、切れ目を入れてかじりやすくしましょう。

親指・人さし指・中指の3本で持つと、エレガントに見えます。かじるときに具材をこぼさないよう、注意しながら食べましょう。

クロワッサン

サクサク食感の皮の飛び散りに気をつけて

サクサクとした食感と、バターの風味が人気のクロワッサン。パン生地に何度も折り込まれたバターが、焼き上げるときに蒸発し、風味豊かな空気を含むいくつもの層ができます。この層が、サクサクした食感を生み出しているのです。

しかし、この層が食べにくさの原因でもあります。食べるときには、生地の飛び散りを最低限に抑えるように心がけましょう。

食べ方

▼皿の上でちぎる

一口分ずつちぎって食べます。パンくずが出やすいので、クロワッサンの層に沿って力を入れ、ゆっくりちぎるようにします。

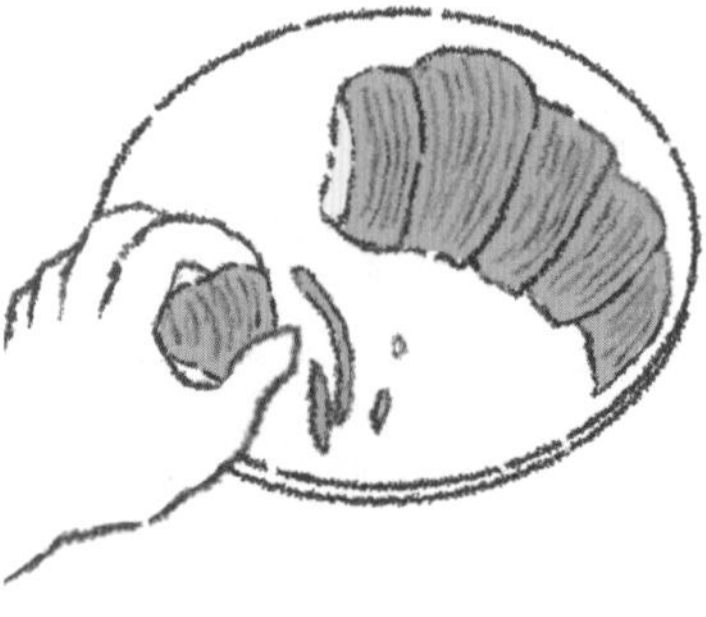

▼パンくずはまとめて

落ちたパンくずは、内側のやわらかい生地に押しつけて食べます。残ったパンくずは、最後の一切れでサッと集めておきましょう。

ロールパン

アメリカ発祥の朝食の定番 ちぎって食べるのが基本

朝食などのメニューでもおなじみのロールパンは、アメリカ発祥のテーブルロールが日本に渡ってきたものです。

バターや卵を練り込んだ甘味の強さが特徴のパンで、バターを多く含むバターロールや、レーズンを入れたレーズンロールなど、種類はさまざま。

食べ方

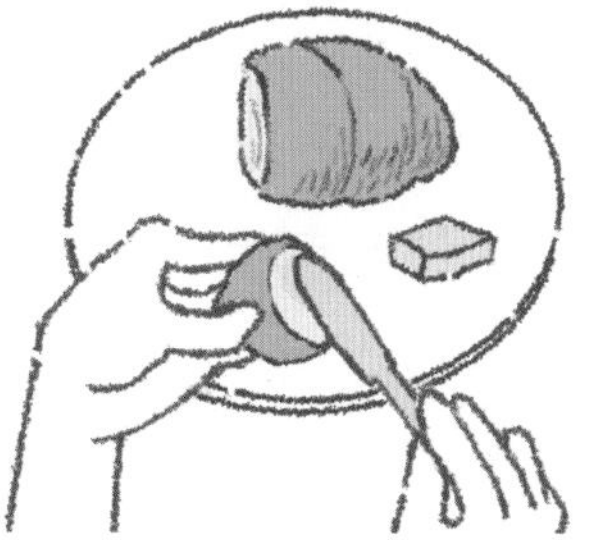

クロワッサンと同様に、一口分ずつちぎって食べます。バターをつける場合は、内側のやわらかい生地につけましょう。

グリッシーニは？

グリッシーニはイタリアのパンの一種で、細長く、カリカリとしたクラッカーのような食感が特徴です。イタリアンレストランでは、サラダやスープの付け合わせとして提供されることがあります。

スティック状なので、ついついそのまま食べたくなりますが、あくまでパンですので、一口大に折って食べましょう。

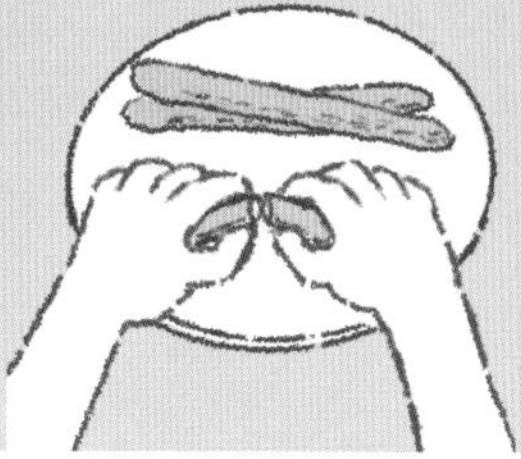

今日の気分は和食?
それとも洋食?
モーニングビュッフェで
素敵な一日の幕開けを

朝の光が差す、ホテルのダイニングでいただくモーニングビュッフェ。食事はもちろん、フレッシュなオレンジジュースもおいしいものです。それにしても、なぜモーニングビュッフェでは、必ずといっていいほどオレンジジュースが提供されるのでしょうか?

これは、フランス・ブルボン王朝のルイ14世が、オレンジ園を作ったことが由来とされています。太陽の恵みをたっぷり受けたオレンジは、「太陽王」とも呼ばれたルイ14世の象徴でもあるため、オレンジジュースはまさに「王様のジュース」。つまり、オレンジジュースの提供は、「今朝は王様のようにお過ごしください」というホテルからのメッセージなのです。

また、同じプレートの上に洋食と和食のおかずを盛る方がいますが、モーニングビュッフェでは洋食と和食を混合させないほうがエレガント。和食もしくは洋食のモーニングセットを作るようにしましょう。

Chapter

3

中国料理のきれいな食べ方

自由な食べ方もＯＫの中国料理ですが、
コツをおさえれば、より気持ちよく、楽しく食事ができます。

知っておきたい中国料理のきほん

地域ごとにバラエティー豊かな味と食材

中国料理は、中国を発祥とする料理のジャンルです。国土の大きな中国では、地域によって気候や生活環境、食材が大きく異なり、料理も各地域で特色あるものが生まれました。

移民として世界各地に渡った中国人（華僑）たちが中国料理を広め、その地域の料理として定着しているだけでなく、本場中国でも、隣接している国々の調味料や調理法を取り入れ、発展しています。

中国料理と中華料理の違い

「中国料理」は、本場中国と同じ材料・製法で作られた料理のことです。一方で「中華料理」は、中国料理を日本人の好みに合うようにアレンジした料理を指します。中華料理には、麻婆豆腐や油淋鶏などのように、料理名が中国料理と同じであっても、調理法や味付けが異なるメニューと、天津飯や酸辣湯麺などのような、日本で独自に生まれたメニューがあります。

4大中国料理

中国料理には、4つの地域で発展した
代表的な料理があります。

広東料理

中国南部の広東省の料理です。食材が非常に豊富で、燕の巣などの高級食材も多用されるため、「食は広州にあり」といわれるほどです。味付けはマイルドで、西洋の影響を受けた調味料を使用することも。代表的なメニューは、チャーシューや酢豚、フカヒレの姿煮など。

北京料理

中国王朝が北京を首都にしてから発展した宮廷料理や、北京の郷土料理が発祥です。寒冷な地域で米が育たないため、小麦を使った料理が多く、味噌や塩、醤油などを使った塩気の強い味付けが特徴です。代表的なメニューは、北京ダックや水餃子、杏仁豆腐など。

四川料理

中国南西部の四川省付近の料理で、最大の特徴は唐辛子や花椒などを使った辛味の強さ。この辛さは、高温多湿の夏や寒さの厳しい冬を乗り越えるために、スタミナをつける役割があるとされています。代表的なメニューは、麻婆豆腐やエビチリ、担々麺など。

上海料理

上海市を中心に発展した料理です。揚子江や海に近い地域であるため、魚介類を使った淡泊な味付けの料理が中心。また、醤油の産地でもあることから、醤油や砂糖を使った濃厚な味付けも好まれます。代表的なメニューは、上海蟹や小籠包など。

中国料理の配膳・食器の名前

箸とちりれんげの置き方がポイント

中国料理では大皿で料理を提供することもあり、配膳には和食や洋食のような細かいルールはありません。ただし、箸は和食とは違い、縦向きで右側にセッティングするのが基本。中国料理の独特の食器であるちりれんげも、持ち手を手前にして縦に置きます。また、かつては大皿から直箸で取って食べることが親愛の情を示す食べ方でしたが、最近では取り箸やスプーンを使うようになりました。

きほんの配膳

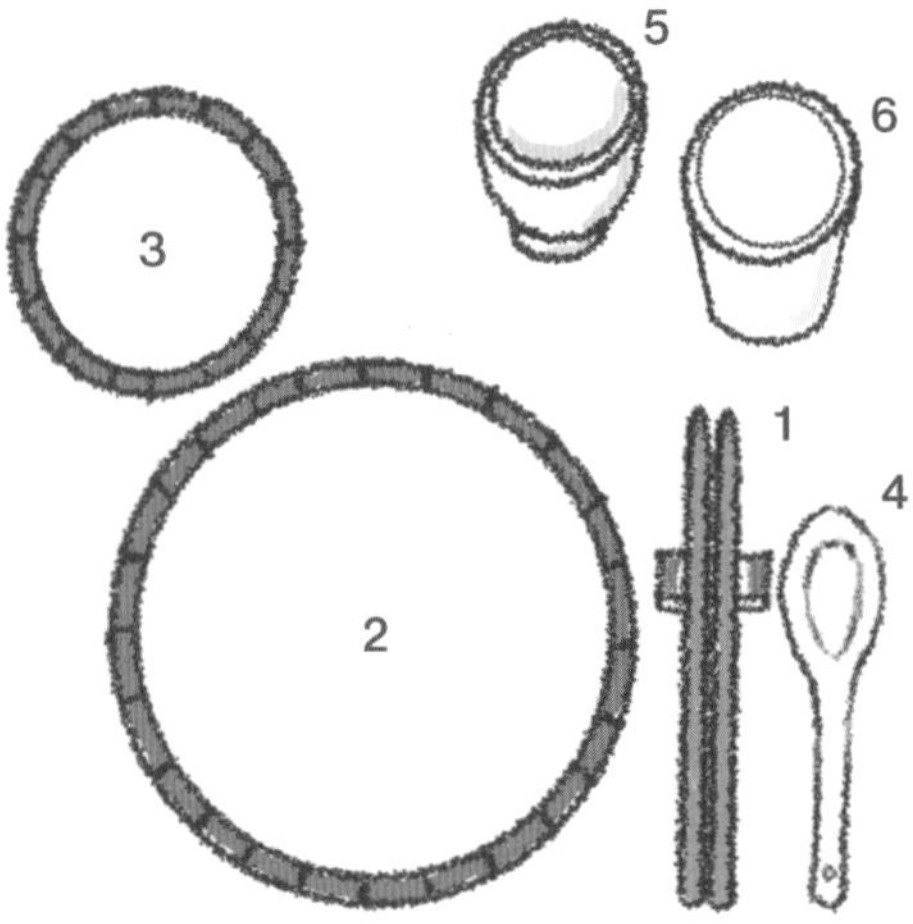

1　箸
2　取り皿
3　小皿
4　ちりれんげ（レンゲ）
5　杯
6　グラス

ちりれんげの使い方

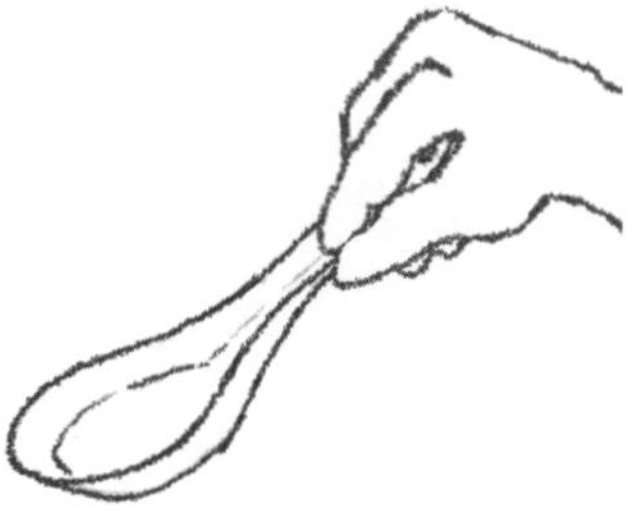

麺類はレンゲを使う

麺類は、レンゲで汁を受けて食べます。スープを飲むときは、箸を一旦置き、レンゲを利き手に持ち替えましょう。

持ち方

ちりれんげ(散蓮華)は、中国料理で使う陶製のスプーンのことで、一般的には「レンゲ」と呼ばれます。持ち手にあるくぼみに人さし指を添え、親指と中指ではさんで持ちましょう。箸と同時に使うときには、利き手に箸、もう一方の手にレンゲを持ちます。

取り皿の使い方

取り分けた料理は残さない

大皿から取り分けた料理は、残さず食べましょう。

置いたまま食べる

器は持ち上げず、置いたままで食べます。取り皿でも同様です。

料理ごとに変える

味が混ざらないように、料理ごとに取り皿を変えます。取り皿は何枚使ってもOKです。

中国料理店でのふるまい方

円卓と回転テーブルのマナーを覚えよう

大人数で中国料理のレストランを利用する際には、円卓を囲むことが多いものです。これは、円卓だと全員の顔がよく見え、会話がしやすいためで、食事中に会話を楽しんで親睦を深める中国の習慣にもとづいています。また、円卓に付属している大皿を並べるための回転台は、昭和の初めに日本の目黒雅叙園（現在のホテル雅叙園東京）で生まれたもので、現在では中国本土でも導入されています。

円卓の席次

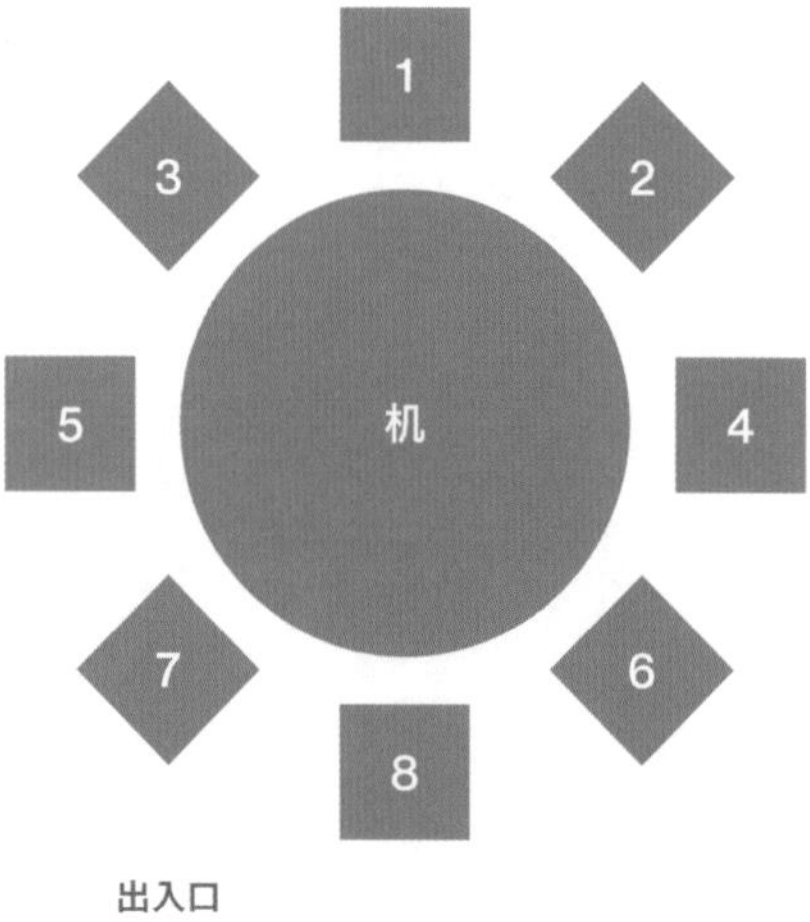

出入り口からもっとも遠く、奥まった席が上座です。その左が次席、右が三席といったように、左→右の順で席次が下がり、出入り口にもっとも近い席が下座になります。

中国料理のきほんルール

1

回転台は、主賓が料理を取ったあとで、時計回りに回していくのがルール。料理を取ったら、左側の人に送ります。

2

自分の料理は自分で取るのが基本。盛りつけの美しさを崩さないよう、ていねいに取り分けることが大切です。

3

皿の料理は、最後の人まで十分に行き渡るよう、1人分は少なめに取りましょう。すべてを取り切る必要はなく、回転台が一巡し終えたときに、おかわり分が残るくらいがベストです。

回転台のやってしまいがちなNGマナー

グラスや食べ終えた取り皿をのせる

回転台の上は、料理の大皿や調味料などを置く共有スペースですので、自分の取り皿や食べ終わった皿を乗せるのはやめましょう。

立って料理を取る

回転台の上にある料理や調味料を、立ち上がって取るのはNG。回転台を回し、取りたいものを自分の正面に移動させてから取りましょう。

反対に回す

回転台を反時計回りに回すのはNG。ただし、料理が全員に行き渡ったあとであれば、回しやすいほうに回してもOKです。

コース料理の流れと食べ方

コースの流れに沿って中国料理の定番を味わえる

中国料理のフルコースでは、中国料理の定番といえる食材や調理法を組み合わせた料理が提供されます。オードブルである「前菜《チエンツァイ》」から始まり、スープの「湯菜《タンツァイ》」、メインディッシュの「大《ター》菜《ツァイ》」、炭水化物メニューの「主食《ヂゥーシー》」、コースの締めの「点心《ティエンシン》」までが、コースの基本の流れです。和食や洋食に比べ、コースメニューの数は少ないものの、主菜や主食ではいくつかの料理が提供されます。

中国コース料理の流れと食べ方

前菜

くらげやピータン、チャーシューなど、数種類の冷たい料理とあたたかい料理が、盛り合わせで提供されることが多いです。

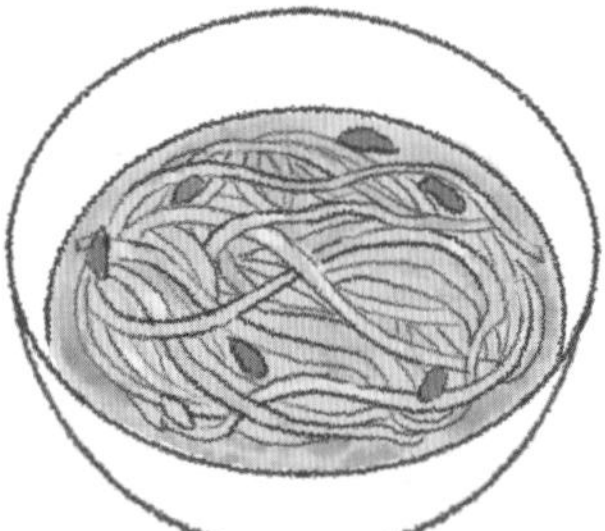

湯菜

スープです。メイン料理の前に胃をあたためる役割があり、フカヒレや燕の巣などの高級食材が使われます。ちりれんげで食べましょう。

大菜

メイン料理です。肉や魚介、豆腐、野菜といった食材を使い、味付けと調理法がかぶらないようにした料理が4〜5品ほど提供されます。

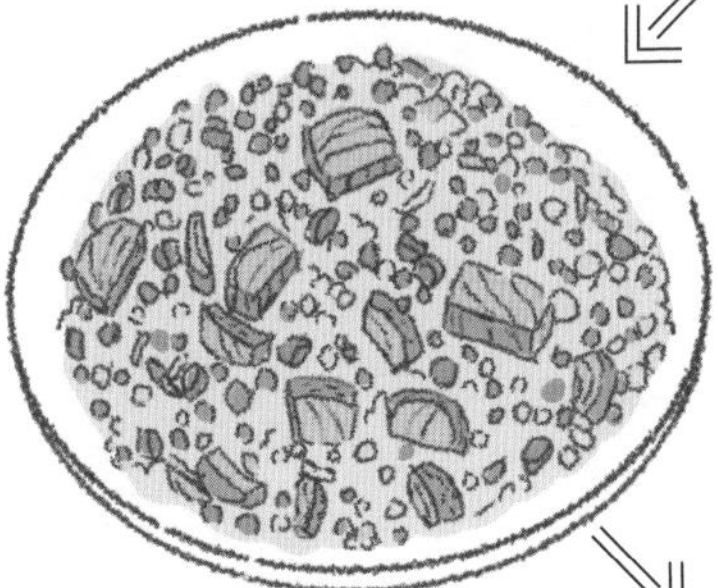

主食

炒飯などのご飯ものや、焼きそばなどの麺類が提供されます。汁物の麺類は、一人分ずつ配膳されます。ご飯ものはレンゲで、麺類は箸とレンゲで食べましょう。

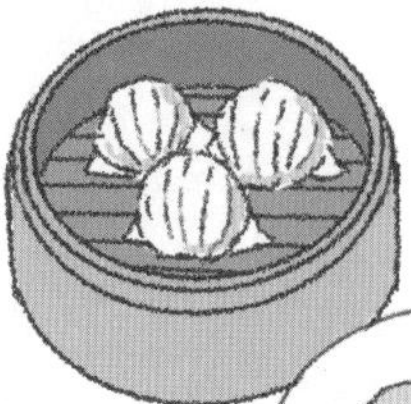

点心

コースの締めとして提供されます。点心には、塩味の「鹹点心《シェンティェンシン》」（蒸し餃子や焼売など）と、デザートにもなる「甜点心《テンティェンシン》」（マンゴープリンや胡麻団子など）があります。

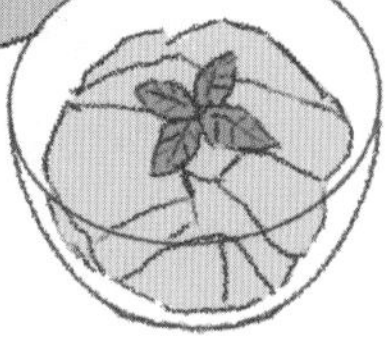

中国料理名の読み解き方

中国料理の名前は見慣れない漢字が多く難解なことも。どんな料理かイメージするのに覚えておくと便利な漢字を紹介します。

丁…さいの目切り
片…薄切り
絲…細切り
鬆…みじん切り
拌…和える、混ぜる
炸…揚げる
爆…高温で炒める
烤…直火で焼く
煎…両面を焼く
焼…煮る

宴席での中国茶と中国酒

お酒の一人飲みはNG 食後には中国茶でスッキリ

中国の人たちにとって食事は、料理を味わうだけではなく、みんなで会話を楽しむためのものでもあります。そのため、会話を中断させないようにする食事方法が存在します。たとえば、お茶をサーブしてもらったことにお礼を伝えるには、声は出さず、机を軽く叩くだけでOKです。

また中国では、お酒の飲み方も独特です。自分一人のペースで飲むことはなく、お酒を飲みたいときには相手を

中国茶の種類

中国茶の中でも、緑茶《リュウチャ》はもっともポピュラーなお茶です。茶葉の白い新芽で作られた白茶《バイチャ》は、やわらかい味わいと清らかな香りが特徴の高級茶。黄茶《ホワンチャ》も同様に高級で、茶葉の葉緑素を飛ばす「悶《もん》黄《こう》」という製法が加えられています。日本でも有名なウーロン茶は、香り高く作られた青茶《チンチャ》の一つ。中国茶における紅茶《ホンチャ》は、西洋の紅茶とは異なり、渋みや苦味が少ないのが特徴です。プーアル茶でおなじみの黒茶《ヘイチャ》には、消化を促進して脂肪を洗い流す効果があり、食後によく飲まれます。

見つけて乾杯し、お互いに必ず飲み干す「干杯《ガンベイ》」という習慣があります。飲み干さないと、腹を割って付き合っていないとされますが、日本での中国料理の席では必ずしも守る必要はありません。

お酒が飲めない人は早めに申し出て、中国茶を頼みましょう。中国茶はお酒の代わりになるだけでなく、脂肪を分解して消化を促進し、口の中をさっぱりさせてくれる効果があります。

中国茶は、茶壷《チャフウ》（急須）から自分で注いで飲みます。中に茶葉が入った蓋《ガイ》碗《ワン》（ふた付きの茶碗）で提供されたら、受け皿ごと持ち上げ、ふたをずらしてすき間をつくり、ふたで茶葉を押さえながら飲みます。

中国酒の種類

啤酒《ピーチュウ》

ビールのことです。代表的な銘柄は青島ビールで、軽めの味わいと、さわやかですっきりとしたのどごしが特徴です。なお中国では、冷えたビールを飲む習慣がなく、常温で飲むのが一般的です。

黄酒《ホワンチュウ》

もち米やきびなどを発酵させて作る醸造酒で、紹興酒や老酒が代表的。酒の品質が悪かった時代に、甘味を足していた名残で、ざらめとともに提供されることもありますが、現地の人は入れずに飲みます。

白酒《パイチュウ》

コーリャンやトウモロコシ、ジャガイモなどが原料の透明な蒸留酒で、香りが高く、アルコール度数が高いのが特徴です。中国の国酒とされ、国宴でも提供される、おもてなしの酒でもあります。

北京ダック

薄餅《バオビン》での巻き方を工夫して具材をバラさずに食べる

北京ダックは、内臓などを取り除いたアヒルを丸ごと焼いた、中国料理の代表的なメニューです。名前に「北京」と付くため、北京発祥と思われがちですが、じつは南京から伝わった料理とされています。

丸ごと焼いたアヒルのうち、おもに食べるのは皮の部分。「荷叶餅《ハーイエビン》」と呼ばれる薄焼き餅の上に、味噌ダレをつけたアヒルの皮と、ネギなどの具材とともに巻いて楽しみます。この食べ方

食べ方

薄餅を1枚、取り皿に広げます。一切れのアヒルの皮を、裏側を上にして薄餅にのせます。あとで巻きやすいように、薄餅の下側を少し空けるのがポイントです。

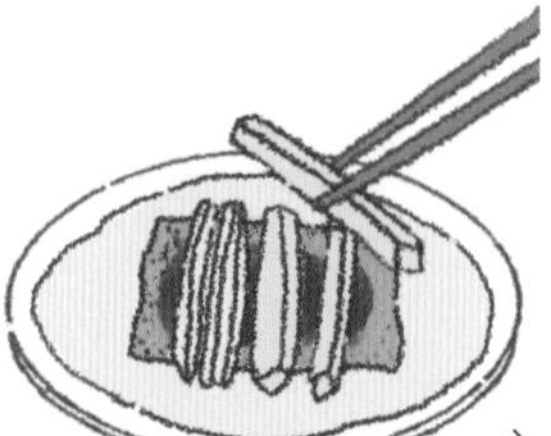

ダックの上にタレを塗り、その上にきゅうりやネギなどの具材を縦にのせます。こうすると、巻いたあとにタレで薄餅がふやけず、食べやすいです。

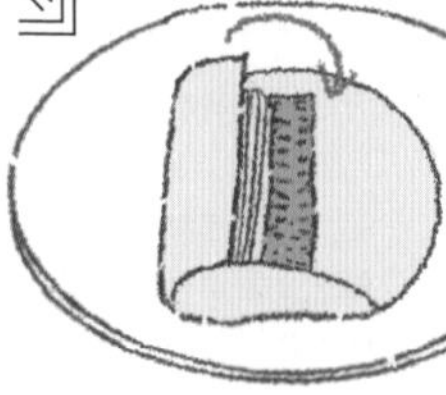

薄餅の下側を上に向かって折り、そのあとで左端からきつめに巻いていきます。

は、300年以上もの歴史があるとされています。

薄餅で巻いた北京ダックは手で食べてOKですが、食べている途中で具材がバラバラになったり、タレが染み込んで手が汚れたり……と、食べるのが難しく感じられることも。食べやすいように巻き方などを工夫して、北京ダックの旨味を十分に味わいましょう。

NG

- たとえサイズが小さくても、一口で食べきらず、三口くらいで食べ終えるようにしましょう。
- 具材ののせ過ぎや、タレのつけ過ぎに注意しましょう。具材やタレをこぼす原因になります。

豆知識

北京ダックで最初に切り分けるのは、もっともおいしい首から胸にかけての部分。ここは、主賓に譲るのが習わしです。

手に持ち、口の開いているほうから食べます。巻き終わりの閉じ目を指で押さえて食べると、具材がこぼれません。かじった跡を目立たせないようにするには、一口分を2回に分けてかじるのがおすすめです。

フカヒレ

姿煮やスープで染み込んだ味わいを楽しむ

フカヒレは、サメのヒレを乾燥させたもので、中国料理の高級食材の一つです。フカヒレ自体には味がほとんどないため、料理にする際には、スープや調味料をしっかりと染み込ませます。フカヒレには、ヒレの形をそのまま残した「排翅《パイチィ》」と、ヒレの繊維をバラバラにした「散翅《サンチィ》」があります。排翅は丸ごと煮込んだ姿煮に、散翅はスープの具材として使われることが多いです。

食べ方

▶ 姿煮

フカヒレの姿煮は、箸で繊維に沿って切りながら食べます。滑りやすい食材ですので、レンゲで受けて食べるようにしましょう。なお中国料理では、和食のように皿は持たず、テーブルに置いたままで食べます。

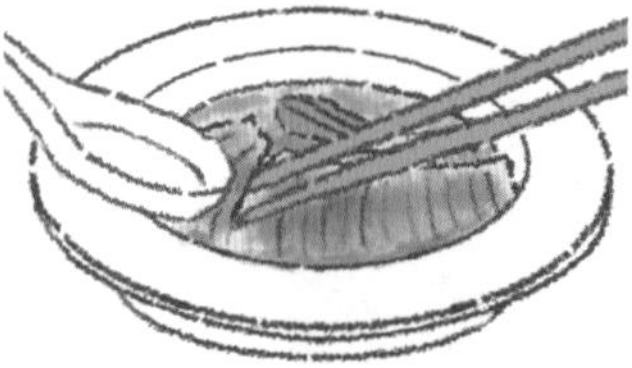

◀ スープ

フカヒレのスープは、器をテーブルに置いたままで、レンゲですくって食べます。こぼれないように、一度にすくう量はレンゲの8割程度にしましょう。

チャーハン

レンゲで「切る」ように食べるのがコツ

チャーハンは、ご飯をさまざまな具材とともに炒めたメニューです。中国料理の一つですが、米を主食にする国では多く見られる調理法です。日本には、7〜9世紀にチャーハンの原形となる料理が中国から伝わったとされ、現在のチャーハンが広まったのは明治時代以降です。一人前として、丸い山型に盛られて提供された場合、レンゲで「切る」ようにするのが、スマートに食べるコツです。

食べ方

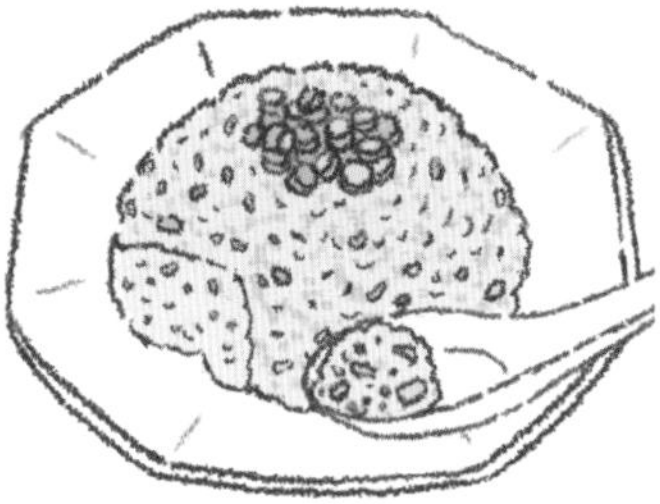

山型に盛られていたら、レンゲで掘ったりせず、手前から山を切るようにしてすくいます。レンゲの先端に一口分だけのせれば、口を大きく開けずに食べられます。

こんなときは？

レンゲですくいきれない米粒が残ったら、無理をせずに残してもOKです。気になる場合は、箸で食べるか、レンゲに米粒を寄せて食べましょう。

餃子

日本では戦後に焼き餃子が広まった

日本になじみ深い中国料理である餃子は、軽食のメニューである「点心」の一つです。歴史の古い料理で、紀元前600年ごろの中国の遺跡から、餃子のような食べ物が発見されています。日本で餃子が一般的になったのは、第二次世界大戦後です。中国の満州から帰国した日本人が、満州で食べられていた焼き餃子を好んで食べたり、闇市などで作って売ったりするようになりました。

食べ方

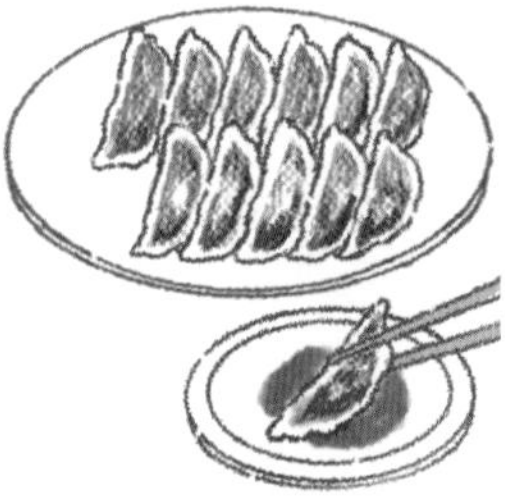

◀ 焼き餃子

タレをつけたら、垂れないように軽くしごいてから口に運びます。一つの餃子は、なるべく一口で食べましょう。食べる前に箸で切るのは、中の具材が出てしまうためNGです。

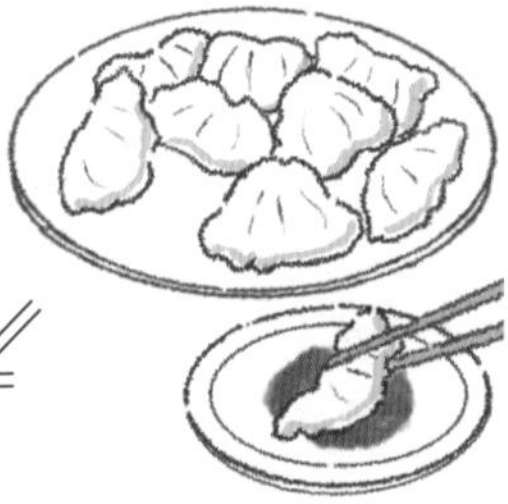

◀ 水餃子

水餃子はすべりやすいので、皮のくぼみに箸を当てて持ちます。

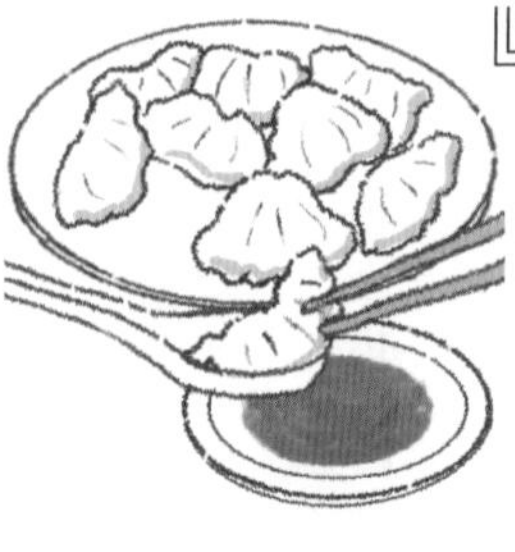

タレにつけた餃子を、一度レンゲの上にのせ、受け皿のようにして口に運ぶと食べやすくなります。一口で食べきれないときは、レンゲの上で切ってから食べましょう。

中国では水餃子と蒸し餃子が、日本では焼き餃子が主流

中国では、餃子は主食の一つであるため、皮が厚い水餃子や蒸し餃子が一般的です。一方で、餃子をおかずの一つと考える日本では、焼き餃子がもっとも好まれていますが、近年は水餃子も多く食べられるようになっています。焼き餃子と水餃子では、同じ餃子でも食べ方が少々異なります。ここでは両方のスマートな食べ方をマスターしましょう。

豆知識　世界各国の餃子

モンゴル

モンゴルには、餃子に似た料理がいくつかあります。「ボーズ」は、ひき肉を皮に包んで蒸した、モンゴル風蒸し餃子です。「バンシ」はモンゴルの水餃子で、羊肉や野菜を皮に包み、ゆでて調理します。「ホーショール」は、モンゴルで人気のある揚げ餃子です。

ネパール

ネパール料理の「モモ」は、肉と野菜でできた具を、小麦粉で作った皮で巾着状に包んだ蒸し餃子で、見た目は小籠包にそっくりです。

インド

インド料理の「サモサ」は、ひき肉やじゃがいもを包んだ揚げ餃子です。スナック感覚で食べられるメニューでもあります。

小籠包

熱いスープは要注意！冷ましながら味わって

小籠包は、具を小麦粉の皮で包み、蒸した料理です。直径3センチほどの小籠包の中には、具とスープが包まれています。具には豚肉のひき肉と、ゼラチン化した肉汁が混ぜられており、このゼラチンが蒸したときに溶けて、スープになるのです。中のスープはとても熱いため、小籠包を丸ごと食べようとするとやけどする恐れも。ここではきちんと冷ましながら、スープと具材を味わえる食べ方をご紹介します。

食べ方

タレと薬味を準備します。針生姜を黒酢に浸しておきましょう。

小籠包をレンゲの上にのせ、箸先で少しだけ皮を破ります。中のスープをレンゲの上に流し、冷ましながら味わいましょう。

スープを飲み終えて、小籠包が少し冷めたら、黒酢に浸した針生姜を上にのせ、一口で食べましょう。 熱い場合は、2～3回に分けて食べてもOKです。

中華

春巻

棒状のままでかじりつかずに箸でカットして食べる

春巻は、タケノコや豚肉などの具材を炒め、小麦粉でできた薄い皮で棒状に包んで揚げた中国料理です。もともとは立春のころに新芽を出す野菜を具材にしたことから、春巻という名がつきました。棒状のものをそのままガブリと食べようとすると、皮がポロポロ崩れたり、トロリとした餡がこぼれてしまうことも。美しく食べるには、箸をうまく使い、中の具を冷ますのがコツです。

食べ方

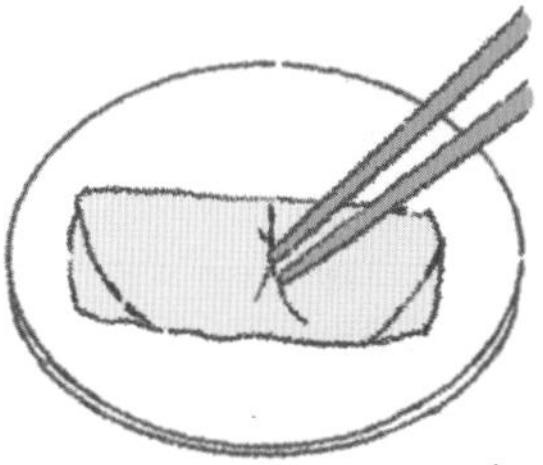

揚げたての春巻は中の具がとても熱いです。少し冷ますためにも、食べやすい大きさに切って食べます。まずは箸で上から押さえて、パリパリの皮にヒビを入れましょう。

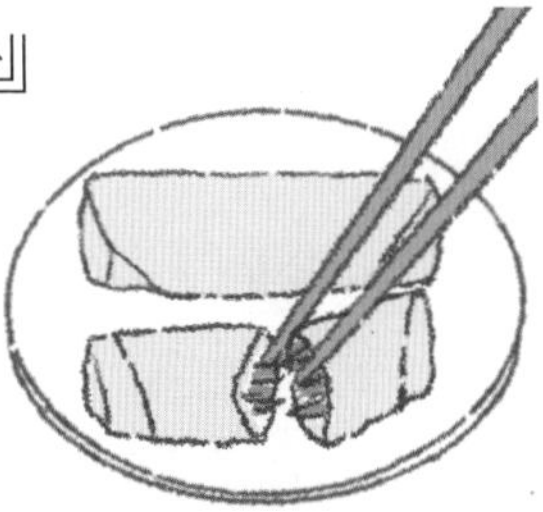

箸で食べやすい大きさに切ってから食べます。最初にすべてを切り分けてしまわず、食べるときに一口分ずつ切って食べましょう。

こんなときは？

切り分けたときには、どうしても皮がバラバラとはがれ落ちてしまいますが、無理をしてこれらを食べる必要はありません。

火鍋

スープがバラエティー豊かな中国風しゃぶしゃぶ

中国の鍋料理である火鍋は、中国語で「火にかけ、煮込みながら食べる鍋料理」という意味で、肉や魚介類、野菜などの具材をスープに入れて煮込むメニューです。スープには、魚介の旨味が効いた白湯スープや、こっくりとしたピリ辛味の麻辣スープなど、地域や家庭、お店によってさまざまな種類があります。

　日本のお店では、鍋の中央に仕切りがあり、味わいの異なる2種類のスー

食べ方

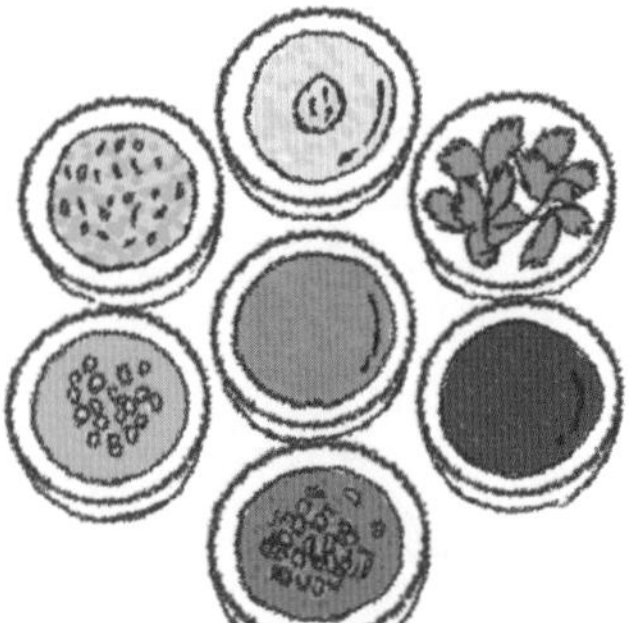

専用のつけダレがない場合は、テーブルに用意されている調味料を自分で混ぜ合わせ、好みのタレを作りましょう。

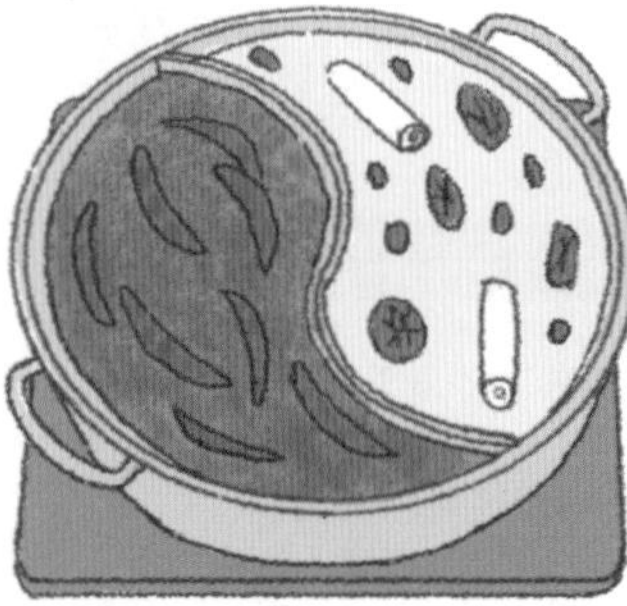

液体または固形のスープを鍋で沸かします。好みの具材を穴開きレードルにのせ、そのまま鍋に入れます。肉や魚は軽く火が通る程度に、野菜はじっくり煮込むのが中国風です。

プが別々に入れられて提供されることがよくあります。この仕切られた鍋は、おしどりのオスとメス（鴛鴦）が仲よく並んでいる姿になぞらえ、「鴛鴦《おしどり》火鍋」と呼ばれています。

豆知識

中国では、地域ごとに独特のスープと具材を使った火鍋があります。辛い料理でおなじみの四川省では、花椒と赤唐辛子で辛味を効かせたスープが特徴。海沿いの広東省では魚介類を具材にし、雲南省では特産のきのこをたっぷり使います。江蘇省や浙江省では、食用菊を入れるのが特徴です。

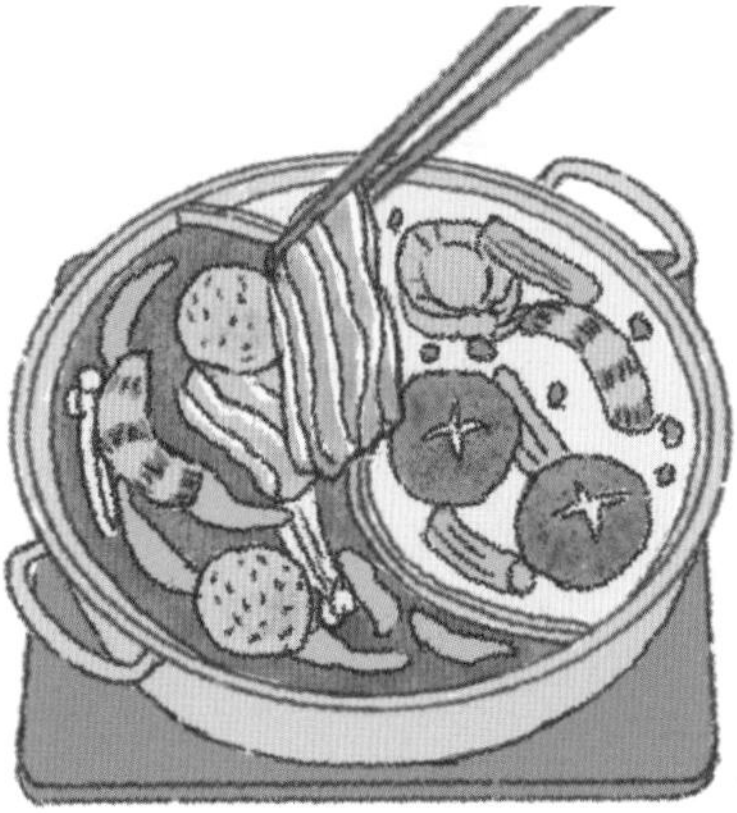

火が通った具材にタレをつけて食べます。本場中国では、鍋から具材を直箸で取りますが、日本では取り箸を用いるのが一般的です。具材をある程度食べ終えたら、シメとして麺をオーダーしましょう。

POINT

火鍋のスープは飲んでもOKです。レードルなどで取り皿によそい、レンゲで飲みましょう。中国料理の作法に従うならば、スープを飲む際には器を持ち上げず、テーブルに置いたままでいただきます。

「残さないとダメ!」ってホント? 中国料理のマナーの由来を知ろう

中国料理は残すのがマナー。完食すると、料理が足りなかったという意味になる——こんな話、聞いたことはありませんか?

たしかに、贅を尽くした豪華な料理で、盛大におもてなしをするのが中国料理のコンセプトといえます。その一例が、中国料理の形式の一つである「満漢全席」です。これは、満州族と漢民族、つまり「満漢」の、ありとあらゆる高級食材を網羅した最高峰の料理を何十種類も集め、三日三晩続けた宴席のことです。

このように、豪華かつ大量の料理でおもてなしするのが中国の宴席ですので、「料理を残すのがマナー」ではなく、「あまりにも料理の量が多く、食べ切れずに残す」というのが実態といえます。そのため、中国の人からおもてなしを受けたら、食べ切れない場合は残してもいい、と考えておきましょう。

なお、日本人同士で中国料理を食べるときには、こういったことは気にしなくても0Kです。完食しても問題ありませんし、無理をせずに残してもいいでしょう。

Chapter

4

アジア料理・カジュアル料理のきれいな食べ方

屋台料理やファストフードなど手軽に食べられるメニューも、食べ方ひとつで美しく見えます。

知っておきたいアジア料理・カジュアル料理

各国の歴史と文化を知り料理を深く味わおう

最近は世界各地の料理の専門店も増え、日本にいながらも海外旅行をしているような気分になれることも。それぞれの料理の背景となっている、各国の歴史や文化を知り、料理をもっと深く味わってみましょう。

たとえば韓国料理には、食べ物は薬と同じと考える「薬食同源」の考え方が根づいています。インド料理では、暑い気候の中で体調を整えるために、何種類ものスパイスを使います。中国

韓国料理のポイント

五味	五色	五法
酸	緑	焼く
苦	赤	煮る
甘	黄	揚げる
辛	白	蒸す
塩	黒	生

韓国では、陰陽五行の考えが食事に取り入れられています。陰陽五行とは、この世のすべてのものは、相反する要素である「陰」「陽」と、5つの要素の「五行」で構成されているという考え方で、五行にあたる5種類の味・色・調理法の食物をバランスよく食べれば、健康になると考えられています。なお、陰陽五行の考えは、日本や中国の食事にも取り入れられています。

やフランスの食文化の影響を受けたベトナム料理では、ヌクマム（魚醤）が多用されています。貿易で多くの国と交流のあったタイでは、料理もいくつもの味が組み合わさっています。アメリカの料理は、ボリューミーで味わいはシンプルです。メキシコ料理は、紀元前から受け継がれた食文化が評価され、2010年にはユネスコ無形文化遺産に登録されています。

日本でその国の料理を食べるときには、まったく同じ方法で食べることに、こだわらなくてもOKです。それぞれの国の食文化に敬意を払いつつ、食べやすいように作法にアレンジを加え、料理を楽しみましょう。

タイ料理のポイント

タイ料理の味わいは、「辛い」「甘い」「塩からい」「酸っぱい」の4つがメイン。そこにパクチーやレモングラスなどのハーブや、柑橘類、ナンプラー（魚醤）などの旨味が加えられます。

インド料理のポイント

料理を手で食べることが多いインドでは、右手の指を使って料理をつまみ、口に運びます。左手はジューター（穢れ）とされ、排泄に使うこともあり、食事では使いません。

焼肉

各部位にぴったりな焼き方をマスターして

韓国料理といえば、真っ先に思いつくのが焼肉です。牛・豚の肉や内臓（ホルモン）を直火で焼いて食べるというシンプルなメニューですが、肉の部位によって異なる味わいを楽しめますので、タンやカルビなど、メジャーな部位のおいしい焼き方はマスターしておきたいところです。また、焼肉は何人かで食べることも多いので、箸の使い回しを避けるなど、衛生面における配慮も忘れずに。

食べ方

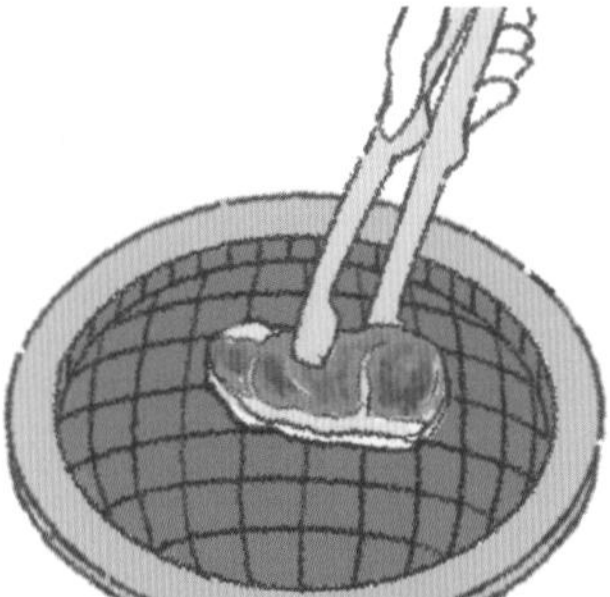

トングで肉を網にのせます。ひっくり返すときもトングを使います。一度に大量にのせず、食べる分だけを焼きましょう。

肉が焼けたら、箸で取って食べます。ほかの人にも取り分けるときは、食中毒防止のためにも、取り箸か新しいトングを使いましょう。

POINT

焼き方や焼き加減には好みがあるので、食べる肉は各自で焼くのが基本です。

部位別の食べ方

ハラミ
両面をしっかり焼き、表面が固まったら、温度の低い部分に移動させて、中に火が通るまで弱火でじっくり焼きます。

タン塩
基本的に片面だけを焼きます。表面に肉汁が浮き、周囲が反り返ってきたら食べごろです。裏面を軽くあぶってもOK。

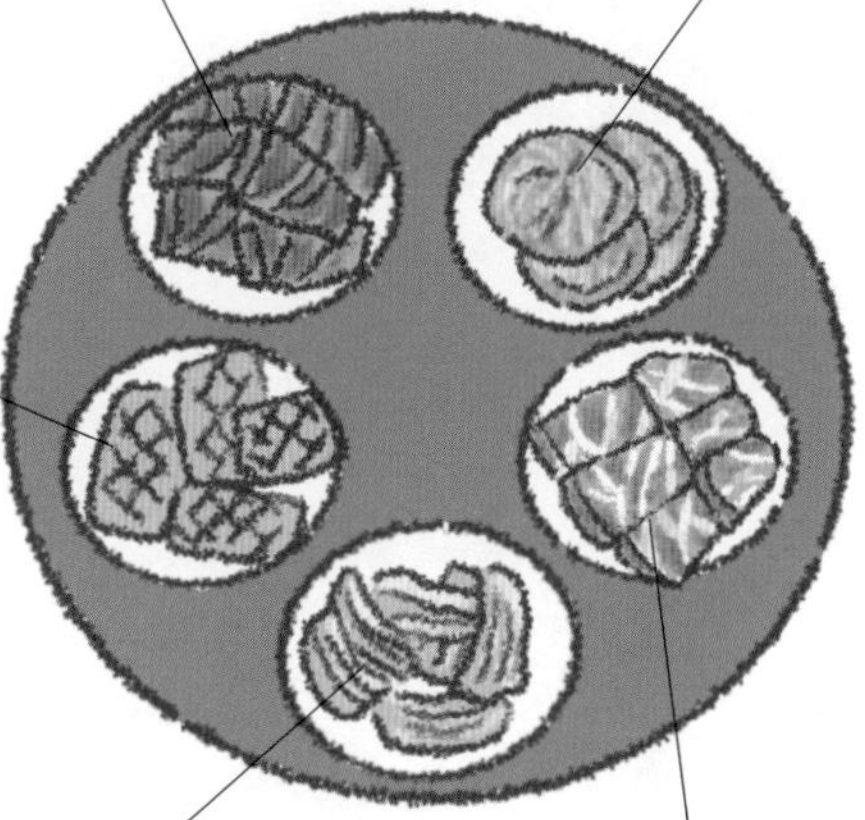

ホルモン
(コリコリ系)
ミノなど、脂が少なくコリコリとした食感のホルモンは、全体に焦げ目がつくまで転がして焼きましょう。

ホルモン(プニプニ系)
シマチョウなどの脂の多いホルモンは、皮を先に焼きます。全体的に少し縮んで、脂の部分が透明に変化してきたら食べごろです。

カルビ、ロース
十分に網を熱し、軽く焦げ目がつくまで焼きます。裏面はあぶる程度でOK。表面に肉汁が浮いてきたら食べごろです。

こんなときは?

サンチュで焼肉を巻く場合、まずは葉先の部分を手前にして広げます。焼肉を葉の中央より奥にのせ、香味野菜ものせたら、葉の部分を手前から奥へと折ります。あとは両端を中心に向かって折りたたみ、一口でいただきましょう。

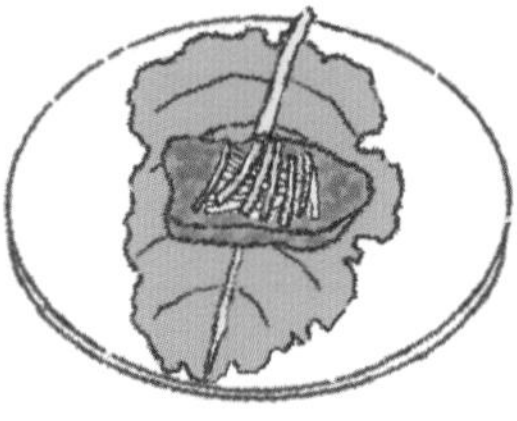

石焼ビビンパ

石鍋でおこげを作りよく混ぜて食べる

ビビンパは、韓国風の混ぜご飯です。残りご飯にナムルや野菜、肉などの具材をたっぷりのせたうえで、熱い石鍋に入れることで、おこげも楽しめるのが石焼ビビンパ。「ビビン」は「混ぜる」という意味なので、見た目をあまり気にせず、豪快に混ぜるのがおすすめです。金属製の箸である「チョッカラ」と、スプーンの「スッカラ」を使い、よく混ぜてから取り皿に取って食べてもいいでしょう。

食べ方

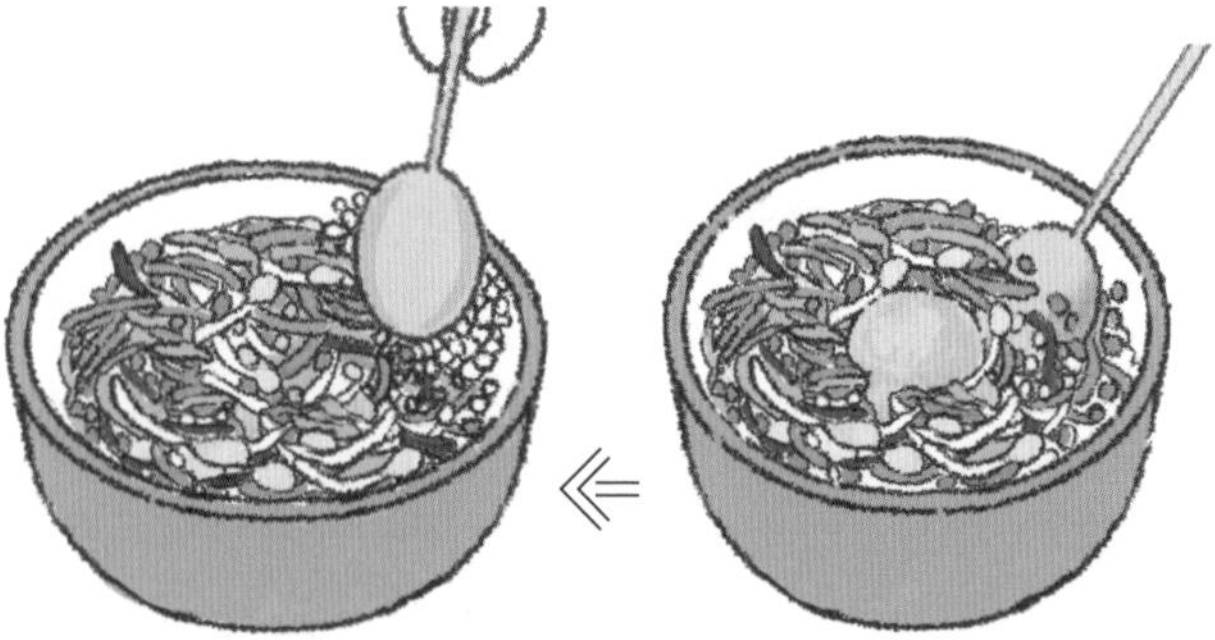

スッカラで全体をよく混ぜます。好みでコチュジャンを入れてもOKです。ナムルがほぐれにくいときは、チョッカラを使いましょう。

ご飯を鍋肌に薄くのばし、スッカラの裏面でグッと押しつけて、おこげを作ります。おこげができたら、再び全体をよく混ぜます。

POINT

韓国では器を手に持ちません。ビビンパを取り皿で食べる場合にも、皿を持たないこと。

冷麺

弾力のある麺を少しずつ食べる

冷麺は、朝鮮半島発祥の麺料理です。日本では、そば粉などで作られた麺を、冷たいスープで食べる水冷麺がポピュラーで、辛いタレを混ぜるビビン麺も人気があります。もともとは冬にオンドル部屋（床暖房のある部屋）で食べる料理でしたが、現在の韓国では夏に食べられています。喉越しのいいツルツルした麺を、口いっぱいに頬張るのは美しくありません。少しずつ口に入れ、味と食感を楽しみましょう。

食べ方

麺に弾力があるので、ハサミで食べやすい長さに切ってから食べましょう。ハサミがない場合は、少量の麺を箸でまとめてから口に入れるようにします。

NG

音を立てて麺をすするのはNG。また、本来韓国料理では器は持ちませんが、冷麺に限っては、持った器に口をつけてスープを飲むことが許されています。

こんなときは？

ビビン麺は、コチュジャンがベースのタレをからめて食べます。麺のコシが強く、辛さでむせやすいので、少量ずつ食べるようにしましょう。

カレー

「カレー」はインドの汁物スパイス料理の総称

カレーはインドが発祥ですが、じつはインドには「カレー」という食べ物も、カレー粉もありません。カレーは、スパイスやハーブを使った汁物のインド料理を総称して、英語で「カレー（curry）」と呼ぶようになったもので、カレー粉も18世紀にイギリスで発明されました。日本には、明治時代初期にイギリスから料理法とカレー粉がもたらされ、ご飯とともに提供する「ライスカレー」として広まりました。

カレーライスの食べ方

ルーとライスの境目から食べ始めます。スプーンを縦に入れ、ルーとライスを一口分ずつすくいます。

その後は、ライスをルーに寄せながら食べます。ルーによる皿の汚れを最低限にとどめることができます。

こんなときは？

福神漬けやらっきょうなどの付け合わせは、カレーを食べ始める前に、食べ切れる分を皿にのせます。また、ルーがソースポットに入っている場合は、一度にすべてをかけるのではなく、食べる分だけかけて食べ進めましょう。

インド風カレーではナンが提供されることも

インドでは、家庭ごとにオリジナルのカレー料理を作ります。具材やスパイスなどは、家庭ごとで異なり、日本のようなとろみのあるものではなく、汁っぽいのが特徴です。日本でインド風のカレーを食べるときには、ライスではなくナンが提供されることがありますので、食べやすい方法を覚えておきましょう。

こんなときは？

カレー専門店で提供されるセットメニューの中には、一つのプレートに、ナンとライスの両方がのせられているものがあります。この場合のライスの食べ方としては、スプーンでカレーを少しずつかけ、軽く混ぜて食べるのがおすすめです。

ナンとカレーの食べ方

ナンを一口大にちぎって折り曲げ、カレーをすくって食べます。ペタペタと浸して食べるのは、見苦しいのでおすすめできません。

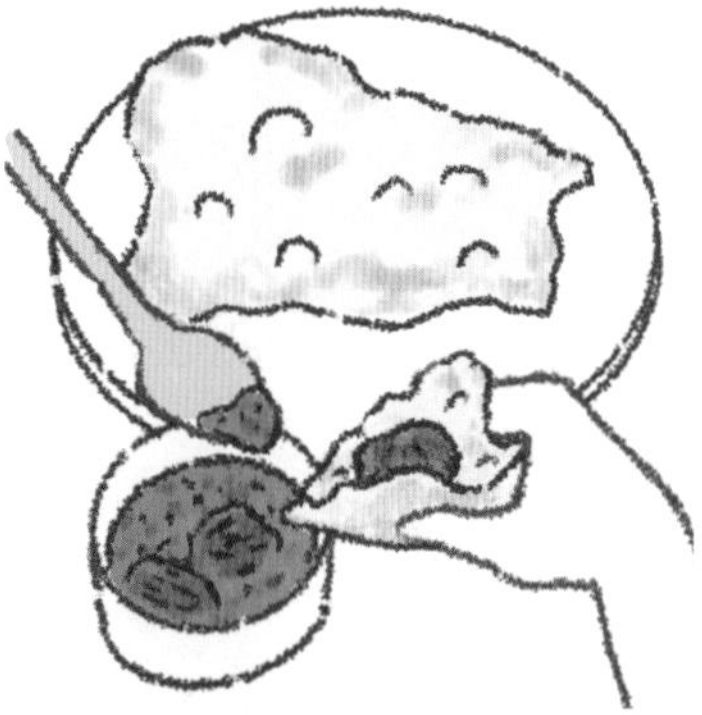

チキンなどの具が大きい場合は、スプーンを使い、カレーの入ったカトゥーリ（ボウル）の中でカットしましょう。その後、スプーンで食べるか、ちぎったナンにのせて食べます。

ミールス

南インド料理の定食のようなメニュー

　ミールスとは、菜食料理を中心に、いくつかの料理を組み合わせた定食のようなメニューです。料理の多くは、おもに南インドで食べられているカレーやスープで、それらをライスに混ぜながら食べます。その際、一つの料理だけでなく、いくつかの料理をいっしょに混ぜ、いろいろな味の組み合わせを楽しむのがポイントです。また、インドでは右手で直に食べますが、日本ではカトラリーを使って食べます。

ミールスの内容例

ラッサム
南インドで好まれている、辛すっぱい胡椒のスープです。

アチャール
インドの漬物です。野菜だけでなく、さまざまな食材のアチャールがあります。

ダール
豆を使ったカレーです。

パパド
豆のせんべいのようなもの。そのままかじったり、砕いてライスに混ぜたりします。

チキンカレー
肉を使ったチキンカレーは、「ごちそう」といえるものです。

サンバル
豆と野菜のカレーで、ミールスの主役的な料理です。

ポリヤル
野菜をスパイスと炒めたもので、そのまま食べても、ライスや汁物料理と混ぜてもOK。

バスマティライス
インドの香り米です。

ヨーグルト
甘味がないので、カレーと混ぜたり、口直しやシメとして食べたりします。

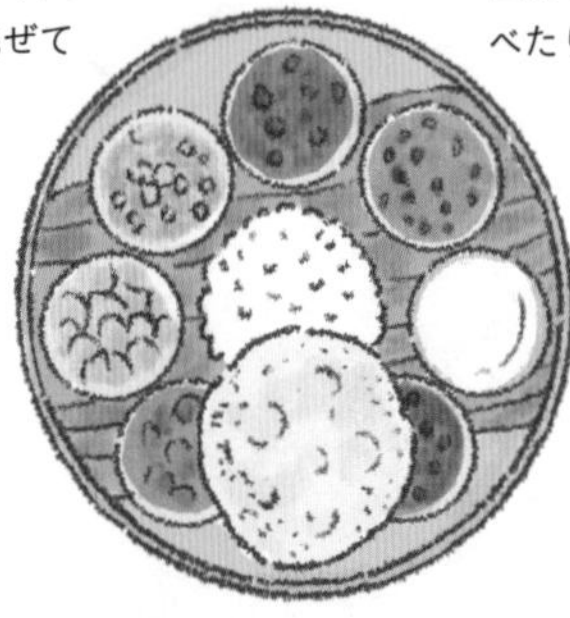

生春巻・ガパオライス

アジア料理
カジュアル料理

日本でも人気のベトナムとタイの代表料理

生春巻は、日本でも人気のあるベトナム料理の一つです。生野菜やビーフン、エビなどをライスペーパーで巻き、ヌクマム（魚醤）をベースにしたタレをつけるのが定番の食べ方です。

ガパオライスは、日本語で言うと「バジル炒めご飯」で、タイではとてもポピュラーなメニューです。日本では具材を混ぜながら食べることが多いですが、タイでは混ぜないで食べます。

生春巻の食べ方

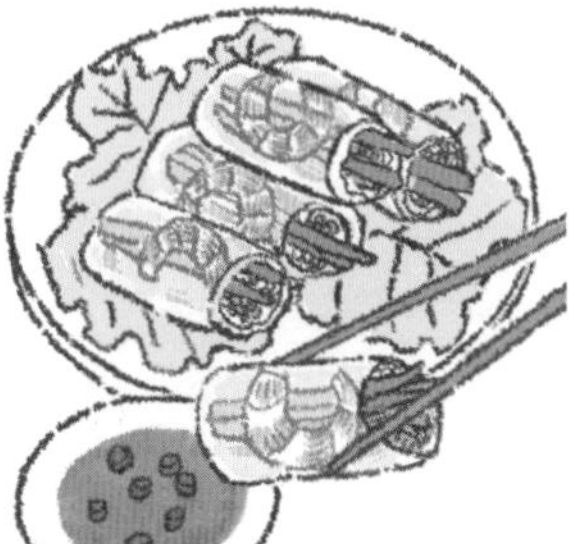

カットしてある場合、ライスペーパーの部分にタレをつけていただきましょう。カットされずに提供された場合は、箸で切るのは難しいため、かじって食べてOKです。

ガパオライスの食べ方

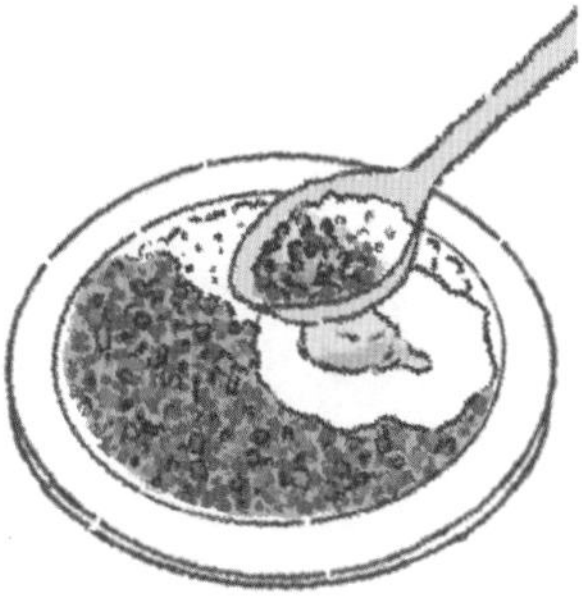

タイでは、ご飯とおかずを別々に食べるか、具材を一口分ずつ、ご飯の上にのせて食べることが多いです。目玉焼きも、固焼きなら崩して、半熟なら軽くからめて食べます。

トムヤムクン

世界三大スープの一つ
酸味と辛味の調和を味わおう

世界三大スープの一つにも数えられるトムヤムクンは、タイ料理の代表的なメニュー。タイ語で「トム」は煮る、「ヤム」は混ぜる、「クン」はエビを表すため、トムヤムクンは「煮て混ぜて作るエビのスープ」という意味になります。

トムヤムクンの特徴は、酸味と辛味が調和した味わい。炒ったエビの殻や唐辛子、スパイスなどを入れて煮立て、魚醤（ナンプラー）やライムなどで味

食べ方

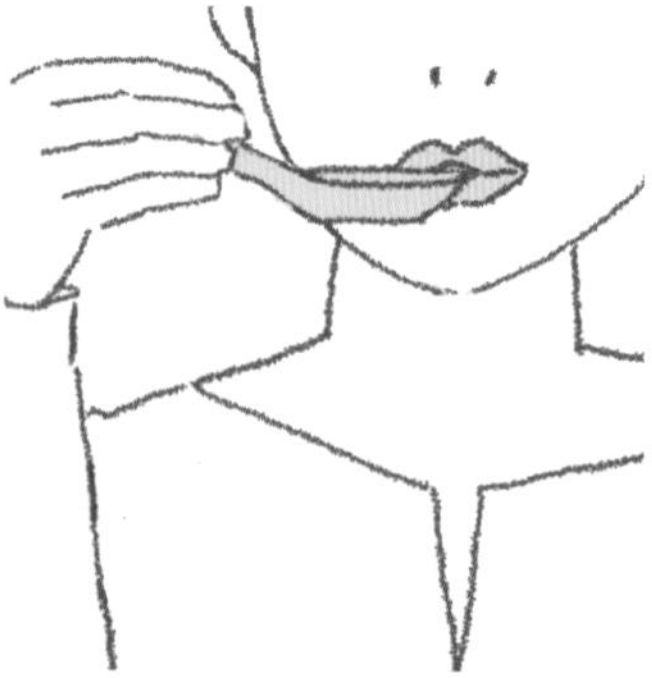

◀ **スプーンで飲む**

大皿からスープの器に取り分け、スプーンで飲みます。すすると辛味でむせるので、スプーンの先端を下唇に当て、口の中に少しずつ流し込み、ゆっくり飲み込みます。舌の上にのせ、ひと呼吸して飲むイメージです。

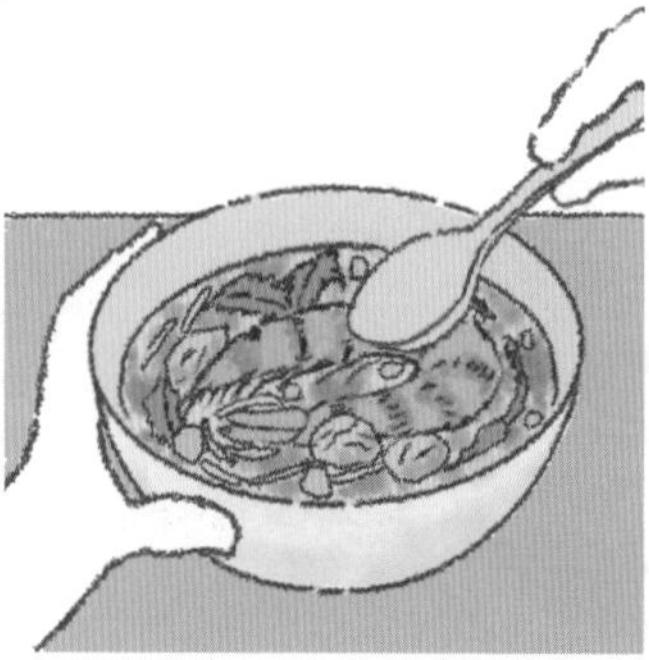

▶ **エビ**

有頭エビは、スプーンを立てて頭を切り離し、身をすくって食べましょう。エビの身が大きく、スプーンで取るのが難しい場合は、箸で食べてもOKです。

アジア料理
カジュアル料理

を作ります。また、トムヤムクンには、すっきりとした辛さの「トムヤムクン・ナムサイ」と、ココナッツミルクやエバミルクを加えたまろやかな「トムヤムクン・ナムコン」があります。

こんなときは？

タイ料理の麺類を食べるときは、利き手に箸、もう一方の手にレンゲを持ちます。箸で麺をつまみ、スープが垂れないようにレンゲを補助として使いながら、麺を少しずつ口に入れます。すすって食べるのはNGです。なおタイ本国では、女性は麺をレンゲに置いて食べるのが一般的です。日本でも麺をレンゲに一旦置いてもかまいませんが、麺から箸を離さず、そのまま口へと運びましょう。

▼ハーブ

香りづけ用のこぶみかんの葉やレモングラスなどは、食べずに残してOKです。

▼ご飯

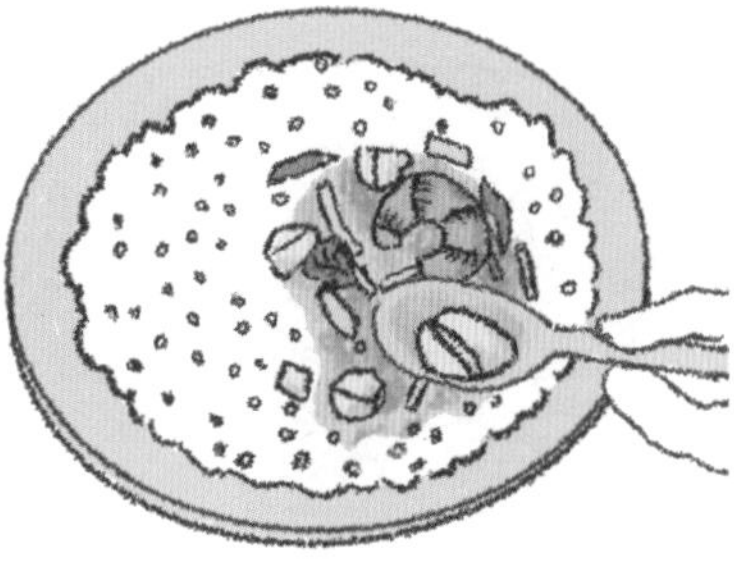

本場タイでは、ご飯にスープを少しずつかけて食べるのが一般的です。

豆知識

タイでは肉などおかずを食べるときにも、右手にスプーン、左手にフォークを持ちます。おかずはスプーンですくって食べ、フォークは補助として使いますが、慣れていないと、スプーンでおかずを食べるのは難しいもの。うまく食べられないときは無理をせず、フォークや箸で食べても問題ありません。

バインセオ・バインミー

アジア料理
カジュアル料理

日本で専門店もある人気のベトナム料理

　バインセオは、ベトナム風のお好み焼きです。米粉をベースにした生地に具材を入れ、パリッと焼き上げたら、葉物野菜で巻いて食べます。

　同じベトナム料理であるバインミーは、日本で専門店ができるほどの人気メニューです。現地では、屋台で買える手軽な食べ物で、バゲットにレバーペーストを塗り、ハムやなます、パクチーなどを挟み、ヌクマムのソースで味付けしたものが一般的です。

バインセオの食べ方

バインセオを一口大にカットし、広げた葉物野菜の中央に、好みの香草とともにのせます。

スプーンでソース（ヌクマム）を具材にかけたら、葉物野菜を手前から折り、具材を包むように巻きます。

バインミーの食べ方

全体を軽く潰してバゲットと具材をなじませたら、包み紙でくるみ、バゲットの角から食べ進めます。

タイスキ

日本にルーツを持つタイ風の鍋料理

タイスキは、日本の鍋料理にルーツを持つタイの鍋料理です。中央に煙突のある鍋で、鶏がらなどのスープを煮立たせ、具材を入れて煮込みます。具材には、肉や海産物、野菜などが用いられます。食べる際には、火の通った具材から皿に取り、タレをつけて食べます。春雨や豆腐などの箸で取りにくい具材は、穴の開いたレードルである「タッコー」を使って取りましょう。

食べ方

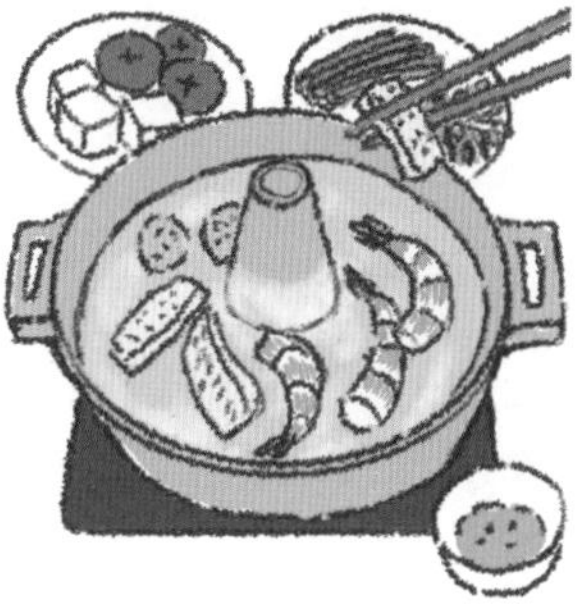

最初に肉や海産物を入れましょう。一か所に偏らせず、煙突のまわりに散らして置くようにします。

白菜の芯など、火の通りにくい野菜を入れます。さらに好みの具材を足し、煮えた具材をスープとともに取ります。

タレにつけて食べます。タレにはライムやニンニク、グリーンチリソースなどを加えて、好みの味にしましょう。

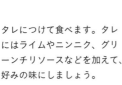

ハンバーガー

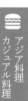

ボリューミーなバーガーも スマートに食べよう

ハンバーガーは、ファストフードとして気軽に食べられるメニューです。最近は食べ方を迷ってしまうほどの、ボリューミーなハンバーガーを提供する専門店も増えていますので、見苦しくない食べ方をマスターしておきましょう。

ハンバーガーの持ち方

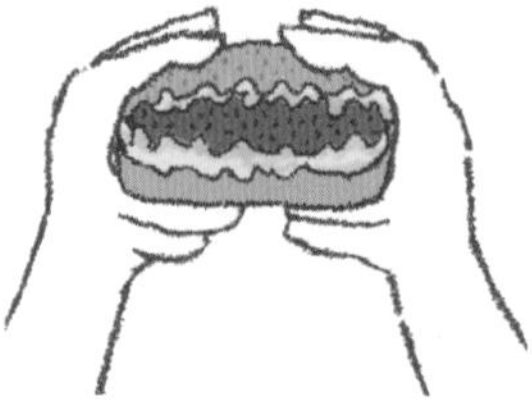

人さし指と中指をバンズの上に、残り3本の指はバーガーの下側に回して挟み持つと、バンズと具をずらさずに食べることができます。

ハンバーガーの食べ方

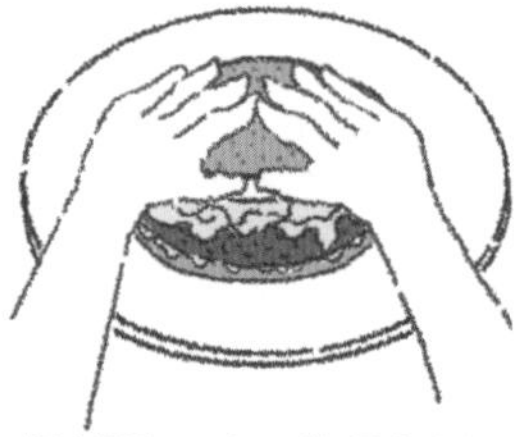

軽く潰してバンズと具をなじませます。力を入れ過ぎず、やさしく押すのがコツです。

袋に入れ、下側を折り返して上記のように持ちます。袋の上側を立てれば口元を隠すことができます。

こんなときは？

ナイフがある場合は、ハンバーガーを半分にカットするのがおすすめです。カットしたあとは、半分ずつ袋に入れて持つか、そのまま手に持って端から食べましょう。

タコス

サルサをこぼさずに豪快&大胆に食べよう

メキシコ料理を代表するメニューのタコス。トウモロコシの粉から作られる、トルティーヤという薄焼きの皮に具材やサルサをのせ、包んで食べるのが一般的です。トルティーヤには、やわらかいタイプ（ソフトシェル）と、油で揚げたタイプ（ハードシェル）があります。豪快にかぶりつくのがタコスの醍醐味ですので、サルサをこぼさずに、大胆かつスマートに食べるようにしましょう。

ソフトシェルの食べ方

トルティーヤの中央に具材をのせ、サルサを添えます。ライムを絞ったら、半分に折って中央部分を持ち、皿と平行になるように持ち上げます。

端を口に向かって傾けたうえで、顔を横にして食べると、サルサをこぼさずに食べられます。または、左右を折ってから食べてもOKです。

ハードシェルの食べ方

食べているうちに皮が砕け、タコスが崩れてしまうのを防ぐには、タコスの中央を持ったら、端から2〜3口食べ、続けて反対側の端からも2〜3口食べるのをくり返しましょう。

コンビニご飯

お弁当やおにぎりもエレガントに食べよう

オフィスは人の目が多い場所です。ランチでコンビニご飯を食べるときも、エレガントな食べ方を心がけましょう。たとえば割り箸は、袋を突き破ったりせず、袋の切り口を裂いて取り出すなど、些細な動作もていねいに行うのが、エレガントさを生み出すコツです。

コンビニ弁当は、ランチボックス程度の大きさの容器なら、机に置いても手に持って食べてもいいでしょう。

コンビニ弁当の食べ方

大きさがランチボックス程度の容器なら、机に置いて食べても、手に持って食べても、どちらでもOKです。平たく大きいものだと、持つと容器がしなってしまうので、机に置いて食べることをおすすめします。

コンビニおにぎりの食べ方

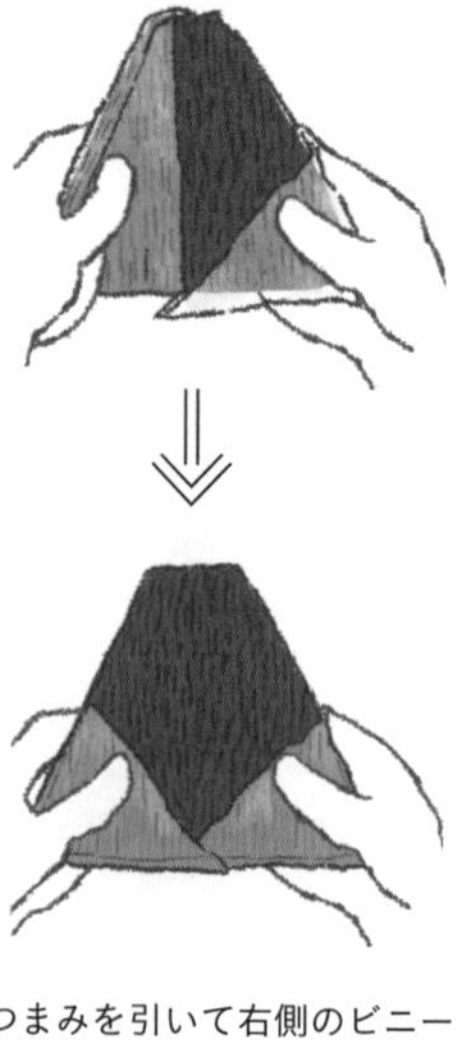

つまみを引いて右側のビニールを取ったら、上下を逆にしておにぎりにはめます。その部分を持ちながら左側も同様にすれば、おにぎりに直接手を触れずに食べることができます。

惣菜パン

サッと空腹を満たしながらも見苦しくない食べ方を

惣菜パンは、主食であるパンに、おかず（惣菜）が組み合わさったパンです。日本で独自の進化を遂げたパンで、現在では数多くの種類があります。忙しいときにもサッと空腹を満たせるうえに、味のバリエーションが豊富で、多くの人に好まれています。手軽に食べられる分、オフィスやパン屋のイートインなど、人目のあるところで食べる際には、見苦しくない食べ方を心がけるようにしましょう。

カレーパンの食べ方

袋に入れたままで、かじって食べましょう。一度かじったら、少しずらし、すぐ横をかじる……というように、一口分を2回に分けてかじれば、歯形が目立ちません。

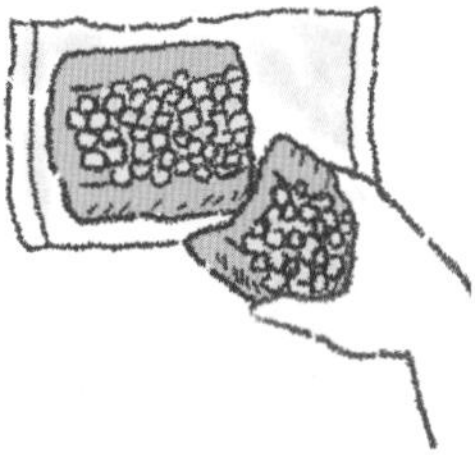

コーンマヨパンの食べ方

かじっても、ちぎって食べてもOKです。コーンを落とさないよう、軽く折って持ちます。

サンドイッチの食べ方

両手で持って食べます。かじった歯形を目立たせないようにするには、サンドイッチを自分側に少し倒して持つか、カレーパンのように2回に分けてかじりましょう。

菓子パン

一口ずつちぎって食べるのが基本

明治時代にあんぱんが誕生して以来、日本ではさまざまな菓子パンが作られています。カジュアルな食べ物とはいえ、かじりつかずに、一口大にちぎって食べるとエレガントです。また、手についたクリームなどは舐めとらず、お手拭きなどで拭くようにしましょう。

あんぱんの食べ方

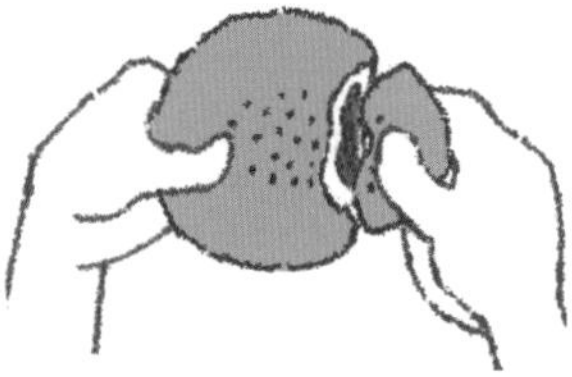

一口分ずつちぎって食べます。小ぶりのものなら、四等分程度の大きさにちぎってもOKです。

チョココロネの食べ方

チョコのはみ出しを防ぐため、細いほうから巻きに沿って一口大にちぎり、チョコをつけながら食べましょう。

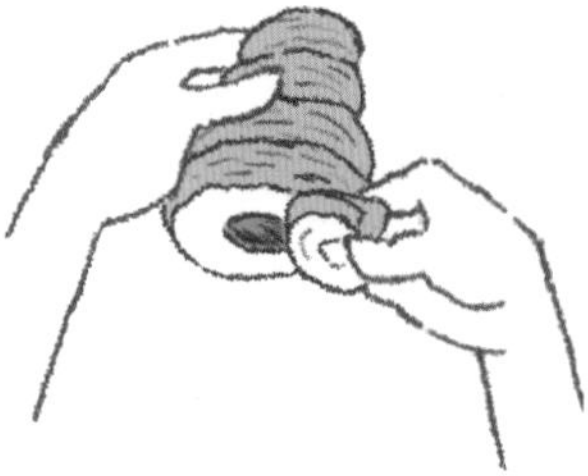

デニッシュの食べ方

バターが多く含まれており、手がベトつきやすいので、縁の部分を指の第一関節の腹だけで持つようにします。渦巻き状のものなら、巻きに沿って一口大にちぎって食べましょう。

ペットボトル・マグカップ

何気ないしぐさだからこそていないね心がけを

飲み物は何気なく飲んでしまうことが多いですが、エレガントな振る舞いを心がけてみましょう。ペットボトルはわしづかみにせず、飲む際にはグビグビと音を立てないようにします。ストローを使う飲み物は、口でストローを迎えにいかず、容器を手に持って、ストローを口元に持っていきます。飲み終わりに不快な音を立てるのを避けるにも、無理に最後まで吸い上げようとしなくてもOKです。

ペットボトルの飲み方

親指以外の4本の指を閉じ、ペットボトルの下のほうを持ちましょう。上唇を飲み口に入れたら、ペットボトルを傾け、飲料を口の中にそっと流し込むようにします。

マグカップの飲み方

持ち手に指を通し、親指で持ち手の上を押さえます。飲むときには首を動かさず、マグカップだけを傾けます。

NG

一般的に、取っ手のあるカップを持つ際には、片方の手は添えません。ただ、カップが大きいときなどは、添えてもOKです。

まわりへの気づかい、してますか？ デスクランチを優雅&快適にするコツ

仕事が忙しいときには、デスクでランチを済ませてしまうことってありますよね。そんなときにも、食事への感謝の気持ちや、まわりへの配慮を大切にしたいものです。

たとえば、パソコンの画面を見ながら、カップ麺をすする……なんてことをしていませんか？　傍から見ると、何だかわびしいですし、美しい姿とはいえませんね。仕事から気持ちを切り替えるためにも、パソコンをオフにして食事に集中しましょう。

デスクでランチを食べる前には、両隣の人に「お昼休憩に入ります」「お食事をいただきます」などと声をかけましょう。強いにおいの出そうなものは、デスクでは食べないよう周囲に心配りを。または、「少しにおいがするかもしれません」と一言添えましょう。

また、デスクランチの際には、ランチョンマットを敷いてみましょう。専用のマットでなくても、大判のハンカチや、お弁当箱を包むナプキンなどでもOKです。きれいな敷物のおかげでランチが華やかになりますし、デスクに汚れが飛ぶのを防ぐこともできます。

Chapter 5

スイーツのきれいな食べ方

崩れやすいミルフィーユ、訪問先でいただくお茶請けなどをきれいに食べる方法を紹介します。

知っておきたいお菓子のきほん

幸福感を味わいながらエレガントに食べよう

一口食べるだけで、幸せな気持ちをもたらしてくれるお菓子。おいしさや香り、美しさが、私たちの心にうるおいや安らぎを与えてくれます。

そんなお菓子の始まりは、古代エジプトまでさかのぼるといわれています。そしてルネサンスの時代には香料などを用いて大きく発展し、フランス・ブルボン王朝では、華やかな「フランス菓子」が生まれ、洋菓子のルーツとなりました。

お菓子の4つの役割

1 気分転換・疲労回復

仕事中、たった一粒のチョコレートで気分転換できたり、元気を取り戻せたりすることもあります。

2 幸福感

自分へのご褒美として、ちょっぴり贅沢なお菓子を食べると、一気に幸せな気持ちに。

3 コミュニケーション

手土産として持参したお菓子をきっかけに、取引先と話が弾んだ……ということも。

4 季節感

桜餅に柏餅、クリスマスケーキなど、折々に食べるお菓子から季節を感じることができます。

アフタヌーンティーの流れと食べ方

アフタヌーンティーのティーフードは、セイボリー→スコーン→ケーキ類の順で食べるのが基本です。そのため、3段のケーキスタンドで提供された場合、下段（セイボリー）→中段（スコーン）→上段（ケーキ類）の順で食べますが、現代では厳密に決められてはいません。スタンドの皿は、一枚ずつスタンドから外し、テーブルに置いてもOKです。食べ終えた皿はスタンドに戻さず、スタッフに下げてもらいましょう。

上段

上段にはケーキや甘いタルトのほか、ゼリーやムースなどが並びます。

中段

中段にのっているスコーンは、イギリスおよびスコットランドで生まれたパン菓子です。スコットランド王が、座って戴冠式を行ったとされる運命の石（The Stone of scone）に由来するという説があり、神聖なものとしてナイフは入れません。手で上下に割ったうえで一口サイズにし、ジャムやクロテッドクリーム（バターと生クリームの中間のような味わいのクリーム）をつけて食べます。

下段

下段は、塩気のあるスナックである「セイボリー」です。サンドイッチなどのフィンガーフードのほか、ハムやピクルスなどの料理が提供されます。フィンガーフードは手で食べてもOKですが、料理はナイフとフォークで食べましょう。

紅茶について

1杯目の紅茶はそのままストレートで飲み、紅茶本来の香りと味を楽しみましょう。1杯目と2杯目では味わいが異なりますので、その変化を楽しみ、さらにミルクを入れてミルクティーとして楽しみ……と、味のバリエーションの豊かさを味わうのがおすすめです。なお、ティーポットから紅茶を注ぐときは、ふたを押さえず、片手で注ぎます。

和菓子は年中行事と結びつき四季の美しさを表現

日本の年中行事とも結びつき、今も愛され続ける和菓子の数々。その歴史は、縄文時代に木の実を使った団子が作られたのが始まりです。平安時代には、遣唐使が唐（当時の中国）から穀物や豆類を使った「唐菓子」を持ち帰り、のちの和菓子に大きな影響を与えました。茶の湯が広まった鎌倉時代には蒸しようかんの原型が誕生し、戦国時代にはカステラなどの南蛮菓子が伝わります。江戸時代には、桜餅や金つば、大福など、現在にも残る和菓子の多くが生まれました。

日本茶の種類

玄米茶

煎茶や番茶に、炒った玄米を加えたお茶。玄米の香ばしさが特徴。

番茶

煎茶を摘んだ後の、二番・三番摘みのお茶。すっきりとした味わい。

玉露

日光を遮って育てた茶葉を使った最高級品。渋みが少なく旨味豊か。

抹茶

抹茶の原料として作られる碾茶《てんちゃ》を、臼でひいて粉末にしたもの。

ほうじ茶

番茶を高温で焙煎したお茶。香ばしく、飲みやすい。

煎茶

新芽と若葉を使った緑茶。甘味と渋みのバランスのよさが特徴。

和菓子の種類

生菓子

水分量が40％以上のものを生菓子といい、おもにあん類で作られています。そのうち茶席などで提供されるものを「主《おも》菓子《がし》」といいます。

干菓子

水分量が10％以下の干菓子は、寒梅粉（もち米の粉）に砂糖や水飴などを混ぜ、木型で型を取る「打ち物」「押し物」が代表的です。

和菓子の多くは、お茶に合うように甘めに作られます。また、油脂をほとんど含まないのも特徴です。

和菓子と四季

和菓子は年中行事や季節と密接にかかわり、
季節感を味わうには欠かせないものです。

春

ひな祭りに食べるひし餅の三色は、雪（白）の下に新芽（緑）があり、上に桃の花（桃色）が咲く様子をイメージしたもの。また、春の定番の和菓子といえるのが桜餅。日本人が古くから愛してきた、桜を模したお菓子です。

夏

白いういろうの上に小豆を乗せ、三角形に切り分けた水無月は、半年の邪気を祓う「夏越の大祓」に食べます。水ようかんや水まんじゅうは、暑い時期でものどごしよく食べられるように、くず粉やわらび粉を使っています。

秋

秋が旬のさつまいもを使った芋ようかんは、夏の暑さで疲れた体をいたわる、滋養たっぷりのお菓子。月見団子は、米の粉で月に見立てて作ったお団子。十五夜に、豊穣への感謝の気持ちを込めていただきます。

冬

新年を祝う和菓子である花びら餅は、甘く煮たごぼうと白味噌あん、ピンク色のひし餅を、餅または求肥で包みます。鮮やかな緑色のきなこをまぶしたうぐいす餅は、春を告げる鶯を模したもの。1月下旬～3月に作られるお菓子です。

ミルフィーユ

パイ生地をナイフとフォークでていねいにカット

ミルフィーユは、薄いパイ生地とクリームが何層にも重なった洋菓子です。葉をいくつも重ねているように見えることから、フランス語で「千枚の葉」を表すミルフィーユという名がついたといわれています。肉料理や魚料理でも、具材をいくつも重ねているものにも、「ミルフィーユ」という名がつけられることがあります。また、ミルフィーユの上にいちごやクリームでデコレーションしたナポレオンパイは、い

食べ方

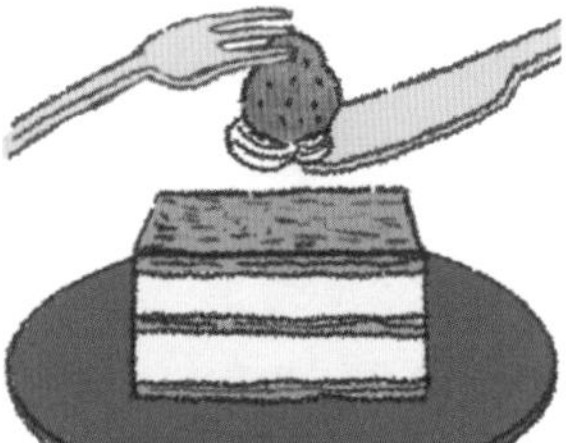

デコレーションのフルーツを外し、皿の脇に置きます。

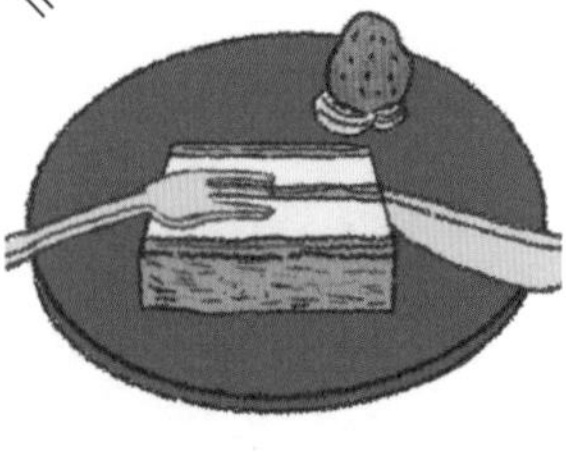

フォークとナイフを使い、ミルフィーユを皿に倒します。

ミルフィーユをフォークで軽く刺したら、ナイフで一口分をカットします。この際、ナイフは垂直に入れ、押しながら切るのがコツです。

ちごが皇帝ナポレオンの帽子に似ていることから名づけられました。

ミルフィーユはパイがぽろぽろとこぼれやすく、きれいに食べるのが難しいスイーツの代名詞といえます。スムーズに食べるには、パイ生地をナイフとフォークでカットするコツをマスターしましょう。

カットしたら、内側が上になるようにフォークを持ち替え、ナイフでフォークにのせて食べます。

はがれたパイ生地は、クリームにつけながら食べましょう。

ミルクレープは？

ミルクレープは、何枚ものクレープの間に、クリームやフルーツを入れて重ねたケーキです。食べる際には、尖った部分から垂直にフォークを入れ、一口ずつ食べましょう。高さがあるものには、上半分と下半分に分けてフォークを入れます。どうしても切りにくい場合は、皿に倒してもかまいません。また、ナイフがある場合は、ナイフでフォークの内側にのせて食べてもOKです。

NG

ミルフィーユをフォークだけで切ろうとすると横からクリームが飛び出し、パイも崩れてしまい、美しくありません。

シュークリーム

コンビニスイーツでもかじらない

シューとは、フランス語でキャベツのことで、焼き上がりの形がキャベツに似ていることが由来とされています。スーパーやコンビニのシュークリームは、ここで紹介しているフォーマルな食べ方をする必要はありませんが、かじって食べるのは避けたいもの。底を上にして、ちぎって食べれば、クリームがこぼれにくくなります。

食べ方

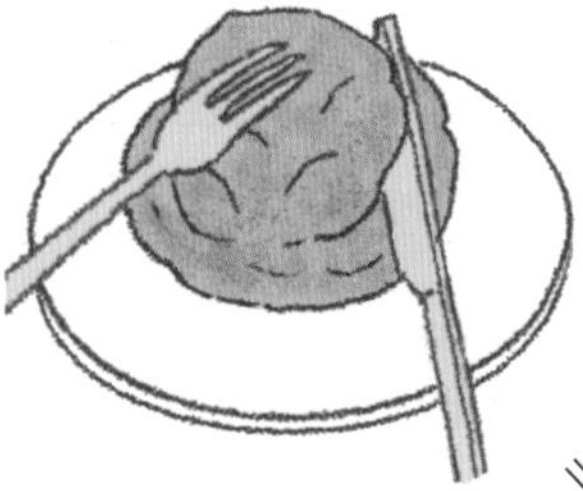

ナイフを横にして、シュー生地の上から3分の1をカットします。

⇓

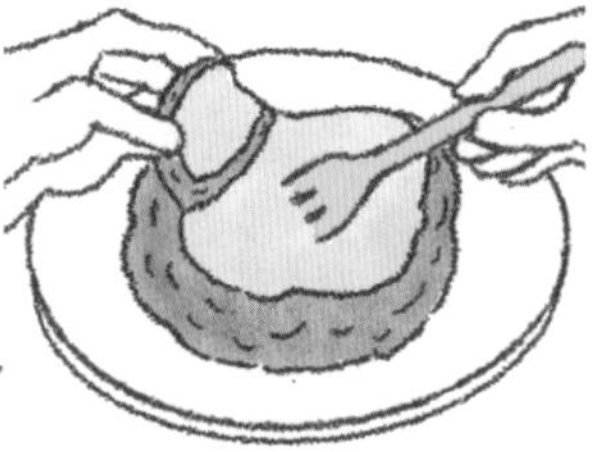

カットした部分を手で外し、一口サイズにちぎったら、フォークでクリームをつけながら食べましょう。

⇓

残りの部分は、ナイフとフォークで一口分ずつカットしながら食べます。

スイーツ

ケーキ

ケーキの形によって食べ始めの部分が異なる

ケーキにはさまざまな種類がありますが、ここではスポンジ生地を使ったタイプの食べ方をご紹介します。三角のケーキは尖った部分から、四角いケーキと丸いケーキは左側から食べるのが基本です。上にのったフルーツは、先に食べてしまわず、フルーツのある場所に来たら食べるようにします。高さがあり、フォークが入りにくいケーキは、皿に倒してからフォークを入れましょう。

食べ方

セロファンはフォークで巻き取ります。うまくできない場合は、手を使ってもOKです。外したセロファンは、銀紙の下に入れます。

⇓

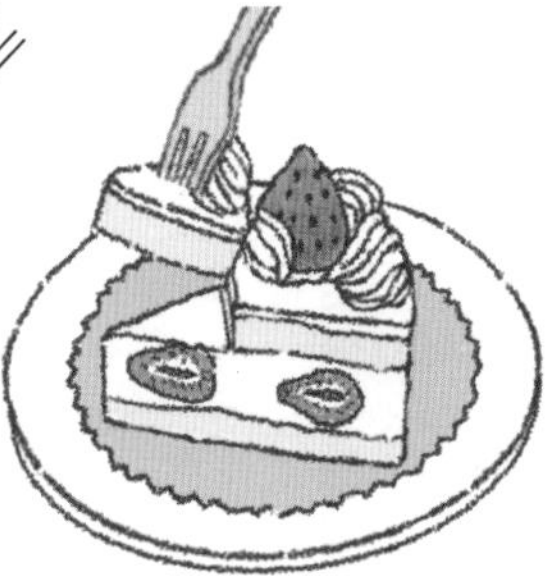

フォークをケーキに対して垂直に入れ、一口分ずつカットして食べます。フォークをケーキの底まで入れてカットするのが基本ですが、崩れるのが心配ならば、上半分をカットして食べてから、下半分を食べるようにしてもかまいません。

⇓

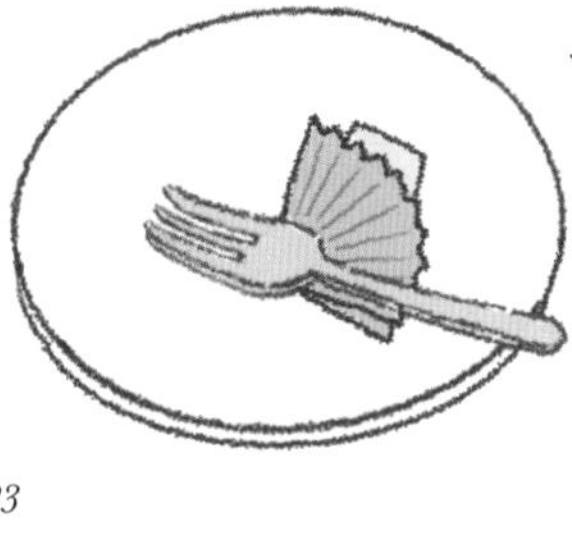

食べ終えたら、たたんだ銀紙やセロファンの上にフォークを置きましょう。フォークを銀紙などで包む必要はありません。

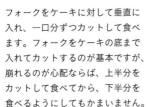

タルト

タルト生地と具材をいっしょに味わって

タルトはフランス菓子の一つで、「パートシュクレ」と呼ばれるビスケット状の生地の上に、クリームやフルーツなどの具材をのせた焼き菓子の総称です。発祥は古代ローマ時代と、とても古い歴史を持つスイーツです。底の硬い生地と、やわらかな具材が組み合わさっているため、食べにくさがありますが、別々に食べるのは避けて。いっしょに食べて、味わいのハーモニーを楽しみましょう。

食べ方

フォークを垂直に入れ、先の部分で底のタルト生地を切ってから、フォークのサイドで上から切ります（上右）。タルト生地が硬い場合は、ミシン目を入れるようにフォークの先で何度か刺して、その後にフォークで切るとうまくいきます。ナイフがセットされていれば、ナイフでカットするのがおすすめ。その際、ナイフを垂直に入れて持ち手だけ下ろすようにすると、底までしっかり切れます。

NG

フルーツタルトでは、先にフルーツだけを食べるのはやめて。フォークで切るときには、果汁が飛び散ったり、フルーツがこぼれたりしないように、フルーツとフルーツの間を刺すようにします。

パンケーキ

シロップやバターは1枚ずつ染み込ませる

パンケーキの「パン」は、英語で鍋（pan）のこと。つまりパンケーキは、フライパンなどの鍋で焼いて作るケーキの総称で、日本では「ホットケーキ」という名で定着しています。ただし、ホットケーキは生地に甘味がついていますが、パンケーキには甘味のないタイプもあります。2〜3枚重ねで提供されるパンケーキをおいしく食べるには、1枚ずつシロップやバターをつけるようにしましょう。

食べ方

まず、バターを皿の上に移動させます。上のパンケーキにシロップを適量かけてから、バターを塗ります。

⇓

中心から扇形にカットして食べます。上のパンケーキを食べたら、下の段も同様に食べましょう。

パフェ

スプーンで探らず手前から食べ進める

パフェは、細長いグラスに、アイスクリームやフルーツなどが盛られたデザートです。フランスには、アイスクリーム状の冷菓に、フルーツなどを添えた「パルフェ」というデザートがあります。これが日本にもたらされ、独自の進化を遂げて、現在のパフェが完成しました。パフェに添えられているウエハースは、口の中が冷えて味を感じにくくなったときに、口直しとして食べましょう。

食べ方

▼フルーツの食べ方

皮付きのオレンジなどの果物は、手で剥いてOKです。残った皮や種は、紙ナプキンで包んでおきましょう。

▼手前から食べる

手前から食べ進めます。下の部分をパフェスプーンで探るのはやめて。ウエハースは一口大に割って食べます。

デザートプレート

それぞれのスイーツに合った食べ方で楽しむ

デザートプレートは、スイーツが盛り合わせになった一皿です。記念日などにメッセージ付きで提供されることが多く、見ているだけでも楽しいメニューです。まず、キャンドルや花火などの演出は、楽しんだら早めに消火しましょう。息で吹き消すときは、唇を突き出さず、横に広げるようにするとエレガントです。ここでは、それぞれのデザートをどのように食べるとよいかをご紹介します。

食べ方

▼基本的にカトラリーを使う

準備されているフォークやナイフ、スプーンを使って食べます。

▼焼き菓子は手でOK

焼き菓子には、アイスクリームで冷えた口の中をリセットする役割もあります。こちらは手で食べてもOKです。

▼メッセージのソース

皿にソースで書かれたメッセージは、無理にこそげ取らず、そのままにしておいてもOKです。

▼溶けやすいものから食べる

アイスクリームなど、溶けやすいものから食べましょう。

練り切り

季節の風物をかたどった「上生菓子」

練り切りは、白餡につなぎとなる山芋や求肥などを加え、季節の風物をかたどった和菓子です。練り切りは、水分を30％以上含んだ「生菓子」の中でも、茶席などのおもてなしの場に出される上等な菓子であるため、「上生菓子」と呼ばれています。食べる際には、味はもちろんのこと、和菓子職人の技の結晶である造形の美しさを十分に楽しみましょう。

食べ方

黒文字（樹皮のついた菓子楊枝）で、練り切りを縦方向に切ります。

⇓

次に黒文字を横に入れてカットし、一切れずつ黒文字に刺して食べましょう。

ようかん・串だんご・もなか

和菓子でも手皿はNG　懐紙をうまく活用して

日本人になじみ深い、ようかんやだんご、もなかなどの和菓子。これらを美しく食べるのに欠かせないのが、懐紙です。訪問先にはぜひ持参しましょう。吸水性のないものは、水分量の多いお菓子に使用するのに便利です。

ようかんの食べ方

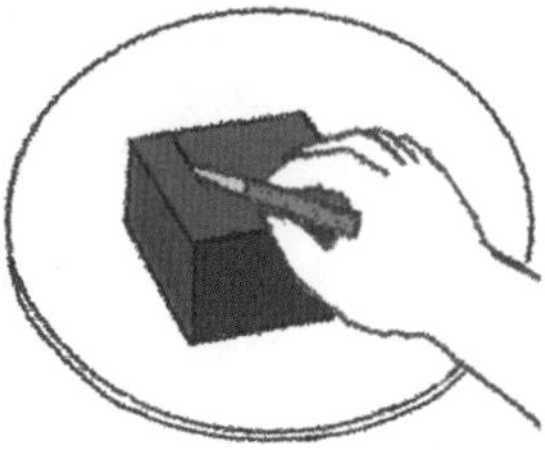

黒文字で、左側から一口サイズに小さく切って食べましょう。

串だんごの食べ方

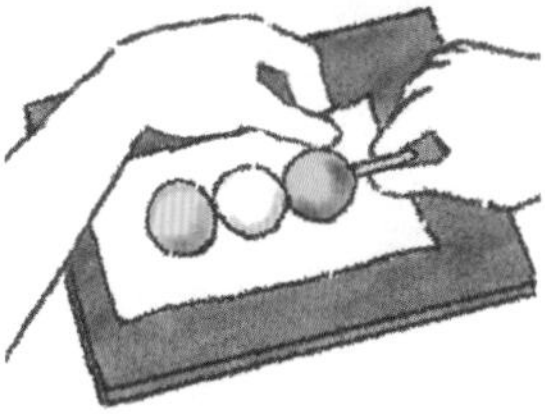

串から外す場合、まず右手で串を持ちます。左手で懐紙を使い、端のだんごをしっかり押さえたら、串を斜め上へと引き抜きます。黒文字を使って、だんごを一つずつ抜いてもOKです。外しただんごは、一つずつ黒文字に刺して食べましょう。

もなかの食べ方

もなかは手で割ってから食べます。菓子皿の上でゆっくり割ると、皮が砕けにくいです。一口大よりやや小さめに割ると、口の中で皮と餡がなじみ、食べやすくなります。

大福・カステラ

スイーツ

大福は黒文字で カステラはフォークで食べる

大福は、黒文字が添えられていたら、一口分ずつ切って食べましょう。最近人気のフルーツ大福は、糸でカットします。一直線に伸ばした木綿糸の上に大福を置き、糸の両端を持って中央でクロスさせ、ゆっくり引っ張ると、美しく切ることができます。

カステラは、ポルトガルから伝わった菓子が、日本人好みに発展・完成したものです。底の紙をフォークではがして食べましょう。

大福の食べ方

手で食べる場合、つまむように持ち、皿の上で軽く叩き、余分な粉を払い落とします。

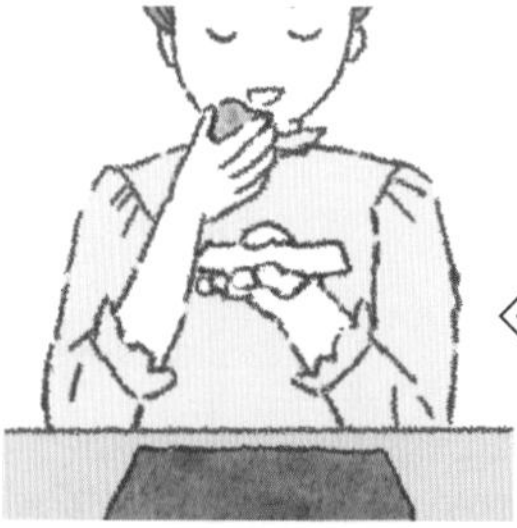

食べていて落ちる粉が気になるときは、二つ折りにした懐紙で受けましょう。懐紙にくるんで食べてもOKです。

カステラの食べ方

皿に倒して、底の紙とカステラの間にフォークを刺し、ゆっくりと巻き取ります。カステラに沿って巻き取っていくと、剥がれやすいです。

⇓

倒したままで、左側からフォークで一口サイズにカットして食べます。

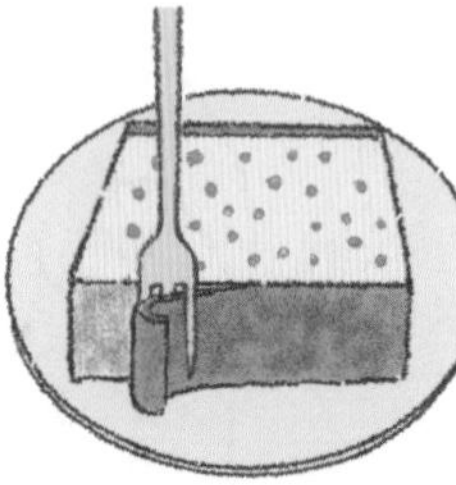

おしるこ・あんみつ

汁から味わう「おしるこ」
みつ豆に餡を加えた「あんみつ」

おしるこは、小豆を甘く煮た汁の中に、餅を入れた料理です。関東では、小豆がこし餡と粒餡のどちらでも「おしるこ」と呼びますが、関西ではこし餡だけに限定されています。餡の種類を問わず、最初は汁だけを味わうようにします。

あんみつは、ゆでた赤えんどう豆にフルーツや寒天、求肥、白玉などを合わせ、蜜をかけた「みつ豆」に、餡をトッピングしたものです。

おしるこの食べ方

まずは汁からいただき、小豆の風味を楽しみましょう。次に、お椀の中で餅を箸で一口大に切って食べます。お店では、甘味を引き立てるアクセントとして、塩昆布や漬物が添えられていることがあります。箸でつまんで食べましょう。

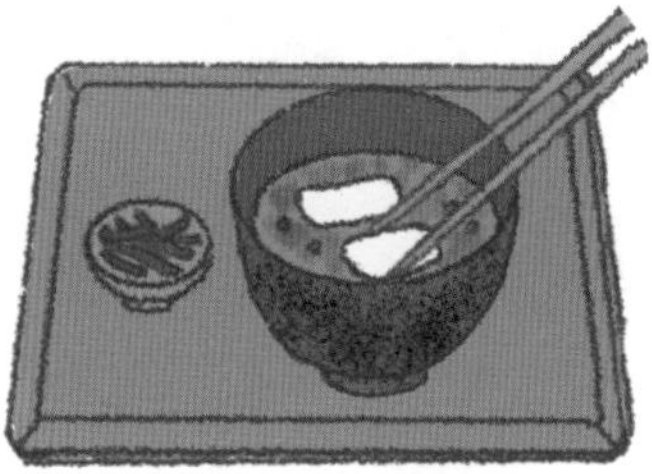

あんみつの食べ方

手前から食べ進めます。餡や寒天、フルーツなどの具材を、一さじずつ組み合わせて食べましょう。さくらんぼの種は、口元を隠してさじ(スプーン)の上に出し、懐紙か紙ナプキンで包みます。

メロン・ぶどう

メロンはナイフとフォークでぶどうは皮を剥いてから

果汁たっぷりで、味も香りもさわやかなメロンは、会食のデザートとして、皮付きで提供されることがあります。フォークで果肉をすくうのは、食べにくいうえに、果汁をこぼしてしまうことも。ナイフとフォークでスマートに食べる方法を覚えておきましょう。

同じくデザートとして提供されることの多いぶどうは、皮も食べられるもの以外は、皮をむいてから口に入れるようにしましょう。

メロンの食べ方

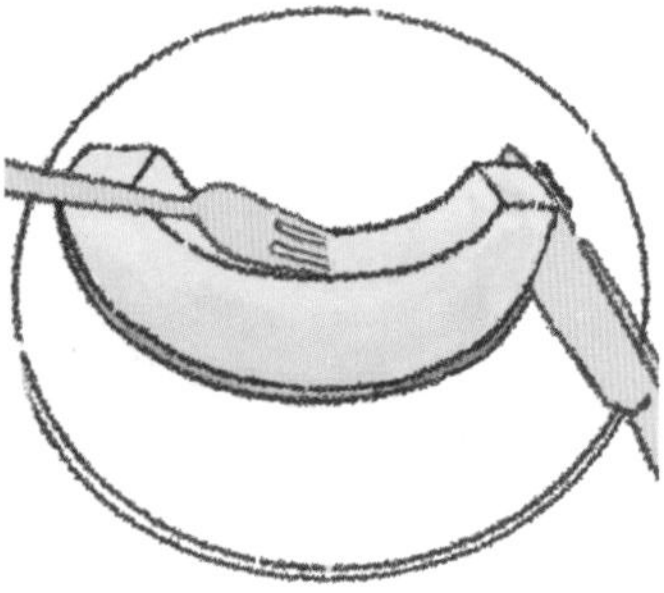

メロンの中央をフォークで固定したら、片側の端から、皮と果肉の間に切りこみを入れます。

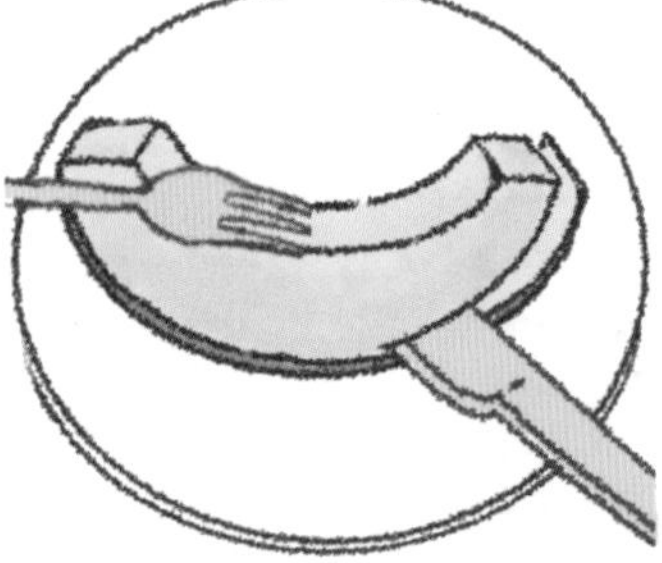

皮に沿ってナイフを動かし、中央あたりまで皮を切り離します。

ぶどうの食べ方

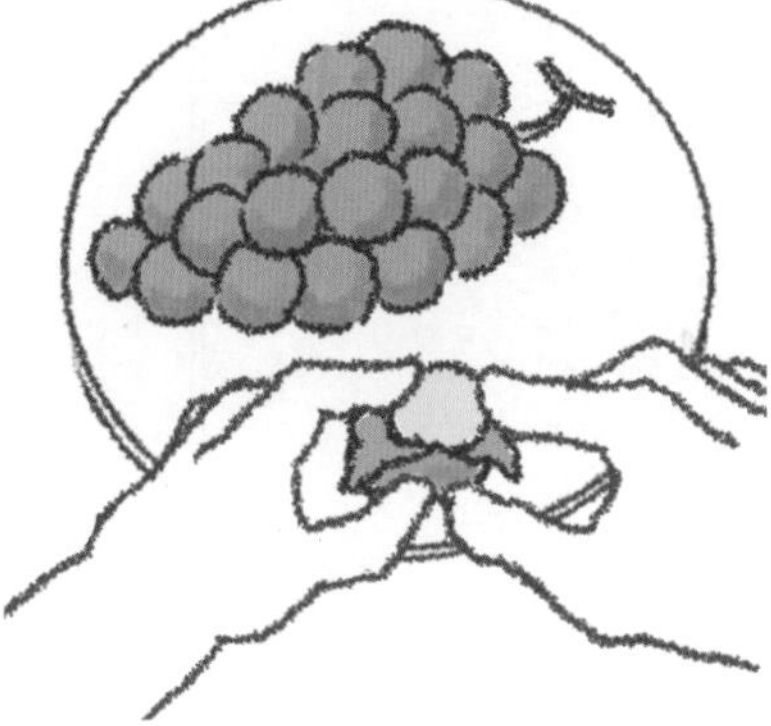

皮を穴側からむきます。皮が花びら状になるように上半分だけをむき、下から指で押すと、実がスムーズに出てきます。種がある場合は、片手で口元を隠し、指でつまんで出しましょう。皮や種は、皿の隅に一か所にまとめて置きます。

ナイフとフォークを使って、メロンを180度回転させます。反対側の端から皮に沿ってナイフを入れ、皮と果肉を切り離します。

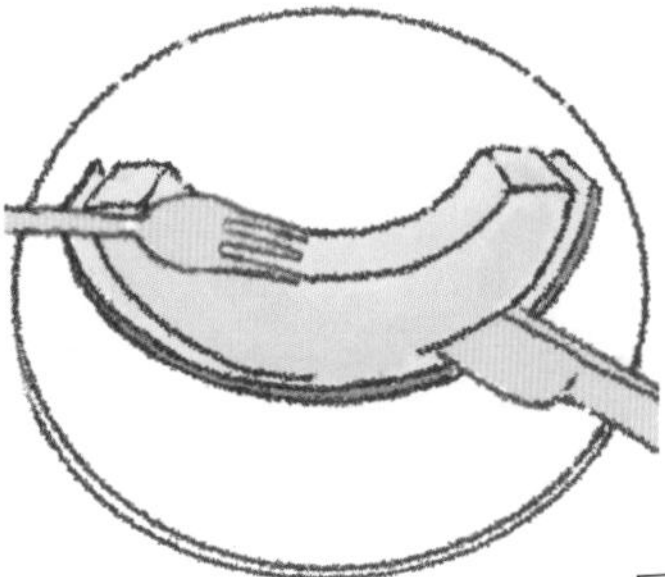

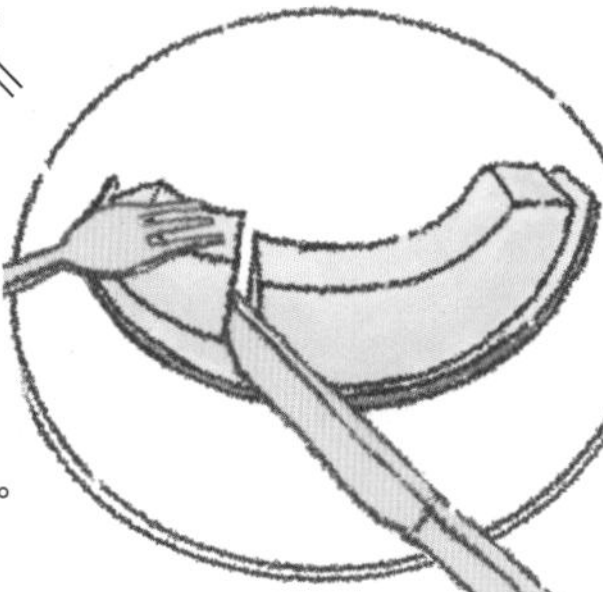

左側から、一口大にカットして食べましょう。

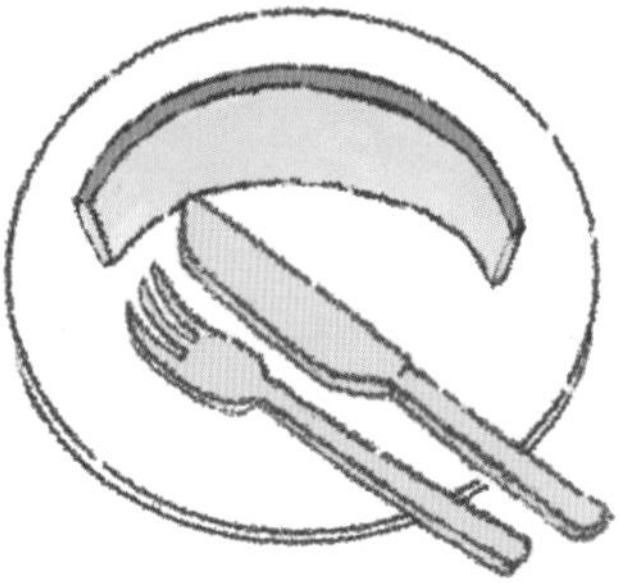

食べ終わった皮は、食べた部分を自分のほうに向けて倒し、ナイフとフォークをそろえて皿に置きます。

オレンジ・すいか・柿

皮と種をフォークやスプーンで取り除く

外食で提供されることの多い、フルーツの食べ方をご紹介します。皮や種をうまく取り除き、スマートな食べ方を心がけましょう。

オレンジの食べ方

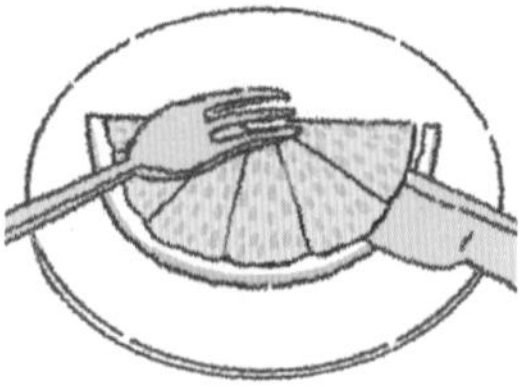

くし切りのオレンジは、皮を手で剥きます。皮と果実の間に切れ目が入っていたら、フォークで果実を押さえ、ナイフで皮を外してもOK。

すいかの食べ方

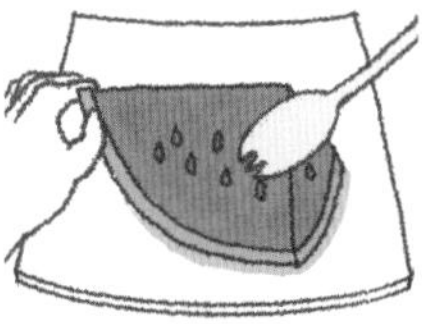

◀種を取ってスプーンですくう

スプーンで種を取り、一口ずつすくって食べます。見えている種は、食べる前にある程度取っておくと食べやすくなります。

◀口から種を出す

種が口に残ったら、片手で口元を隠し、指でつまんで出します。食べ終えた皮は、食べた部分を自分のほうに向けて倒しましょう。

柿の食べ方

フォークなどで刺して食べます。一切れを一口で食べきれない場合は、刺したまま食べ進めます。皮付きの完熟柿は、皮も食べることができますが、残したい場合は、フォークなどで果実を削いで食べましょう。

日本茶

おもてなしに感謝して両手でいただく

　訪問先などでお茶を出されたら、茶碗を持つ前に「いただきます」などのあいさつをしましょう。煎茶の場合、お茶をいただくまではお菓子に手をつけないことと、お茶が冷めないうちにいただくのがマナー。また、お茶請けの煎餅は、食べやすいように小さく割ってから食べます。袋入りの場合、袋に入れたまま割れば、かけらが散らばりません。

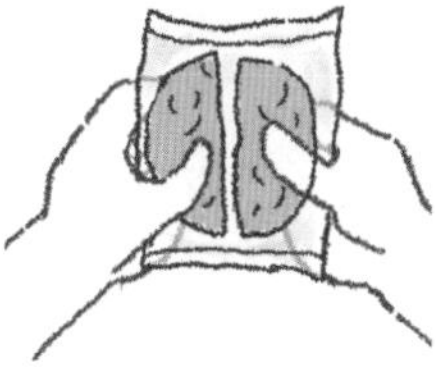

飲み方

ふたがあったら、左手を茶碗に添え、右手で取っ手をつまんで開けます。ふたを茶碗の縁に沿わせて傾け、裏についた水滴を茶碗の中に落とします。取ったふたは、裏返して茶たくにはさんでおくと安定します。

片手だけで飲むのは避けて。茶碗を持ったら、底にもう一方の手を添えます。どちらの手も、人さし指から小指までを揃えるとエレガントです。

飲むときに、ズズッと音を立てないように。すすらずに、お茶を口の中にそっと流し込むように飲みます。飲み終えたら、ふたを元に戻しましょう。

コーヒー

カップによって持ち方に気をつけて

コーヒーを飲む際には、カップの持ち方に気をつけましょう。

マグカップを持つときには、取っ手にしっかり指を通します。レギュラーカップや小さめのエスプレッソカップは、取っ手を親指と人さし指、中指の3本でつまんで持ち、残りの2本の指を3本の指に添えます。

コーヒーを飲むときは、豆の種類や焙煎の仕方で異なる味わいと香りを楽しみましょう。

飲み方

一口目は何も入れず、コーヒー本来の味と香りを堪能しましょう。ブラックが苦手であれば無理をする必要はありませんが、ぜひ心がけてみてください。

⇓

二口目からは、好みで砂糖やミルクを入れます。角砂糖はスプーンにのせてから、静かに沈めましょう。スプーンで混ぜる際には、カチャカチャと音を立てず、前後に揺らすようにして、静かに動かします。

⇓

使用したスプーンはカップの奥に、空いた砂糖とミルクの袋や容器は、ソーサーの右上、時計でいうと2時の方向に置くようにしましょう。いずれもカップや手の動きを邪魔しないための、ベストな位置です。

紅茶

カップは右手で取り ポットは片手だけで持つ

紅茶を飲む際のもっとも基本的なマナーは、「カップは常に右手で取る」ということです。そのため、ホテルやティーサロンでは、カップの取っ手は必ず右側になっています。ティーポットから紅茶を注ぐときは、ふたに手を添えず、ティーポットを片手で持ちます。イギリス式のティーポットの場合、ふたの内部にストッパーがついており、手で押さえなくても、ふたが落ちることはありません。

飲み方

ティーカップを持つときは、取っ手をつまむようにすると、指が美しく見えます。ただし、カップを重く感じる場合は、無理をする必要はありません。

角砂糖は、トングでティースプーンにのせてから沈めます。レモンはトングでティースプーンにのせてそっと紅茶に浮かべ、香りづけをしたらスプーンでカップから出します。紅茶を混ぜるときは、スプーンを前後にやさしく揺らしましょう。

片手でカップを持って飲みます。両手で飲むと、「飲み物がぬるい」というサインになってしまいます。近くにテーブルがない場合などは、ソーサーを持ってもOKです。

「食べ歩きスイーツ」は歩いて食べない!? きれいな食べ方を知ろう

最近は、いわゆる「食べ歩きスイーツ」を食べながら歩く姿を、よく目にするようになりました。「食べ歩き」とは、本来「その地の料理や食べ物をあちこち食べて回ること」という意味で、歩きながら食べることではありません。歩きながら食べると、こぼしたり、ほかの人の服を汚したりすることもありますので、イートインスペースなどで座って食べるようにしましょう。

「食べ歩きスイーツ」の代表格であるソフトクリームは、溶けやすいのが難点。手の温度が伝わりにくい、コーンの下のほうを持って食べるようにしましょう。クリームは舐めるのではなく、「はむ」と発音するようにして口に含むと、口のまわりを汚しづらいです。

また、大ブームとなったタピオカドリンクのタピオカを上手に食べるには、ストローをふたの端のほうに刺して、少し浮かせながら吸うのがコツです。それでも、すべてのタピオカを吸い上げるのは難しいもの。無理に吸って、ズズズ……と音を立てるのは見苦しいため、ある程度は残してもかまいません。

Chapter 6

エレガントなお酒の飲み方

宴席でのふるまい方を知っておけば、
ビジネス会食や接待、プライベートでの飲み会も、
より楽しい時間になります。

お酒の席でのふるまい方

お互いに無理強いせずにお酒を楽しむ

お酒の席では、同席した人に飲酒を無理強いするのはNGです。自分がお酒を飲めない場合には、飲めないことに対して必要以上に恐縮せず、「お酒を飲めない体質なのですが、いっしょに盛り上がらせてください」と伝え、ソフトドリンクやノンアルコールドリンクなどで楽しみましょう。

お酒のスマートな断り方

宴席そのものを断るとき

「先約がある」と伝えましょう。「家でゆっくりする」といった自分で決めた約束でもOK。ただし、「また誘ってください」と付け加えるのも忘れずに。宴席が苦手で、今後も誘いを断りたいときは、「お酒の席があまり得意ではないのです。付き合いが悪く、申し訳ありません」と伝えましょう。

これ以上飲めないとき

お酌をされそうになったら、「ありがとうございます。もう十分、いただきました」と伝え、グラスやおちょこの上にサッと手をかざします。追加のオーダーをすすめられたら、「そろそろソフトドリンクに切り替えます」と申し出ましょう。

バーでのふるまい方

二次会などで行く、バーでのオーダー方法も覚えておきましょう。メニューを見てもよくわからないときは、バーテンダーに好みを伝え、おすすめのカクテルを作ってもらうようにします。その際には、「カクテルのグラスはショートかロングか」「ロングの場合は、炭酸の有無」「味わいは甘めかスッキリか」の3つを伝えればOKです。また、お酒に弱いことを伝えれば、無理なく飲めるカクテルを提案してくれますので、バーテンダーとのコミュニケーションを楽しみながら注文しましょう。

ハイチェアの座り方

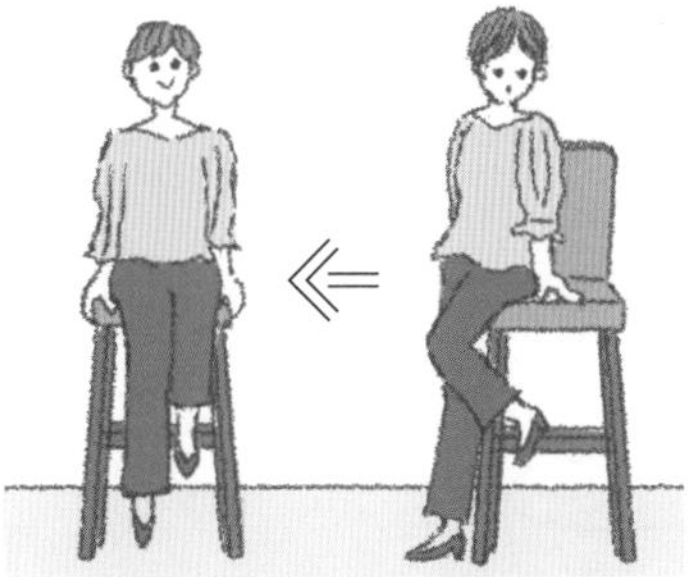

バーのカウンターなどにある足の長いハイチェアに座る際は、座面に片手を置き、片足をステップに乗せてから体を持ち上げ、座面に腰を下ろします。正面にカウンターなどが設置されている場合は、斜め横から座面に座り、その後に体を回転させて正面を向くようにします。降りるときは座面に片手を置き、片足をステップにかけてから腰を上げます。

カクテルグラス

ロング(右)

グラスに氷が入るロングカクテルは、冷たさがキープされるため、時間をかけて飲むことができます。

ショート(左)

逆三角形のカクテルグラスで提供されるショートカクテルは、ぬるくなりやすいので、早めに飲み終えましょう。

ビール

乾杯時の暗黙のルールを忘れずに

グラスに注いだビールで乾杯を行う際には、グラスを両手で持ち、「よろしくお願いいたします」といった言葉を添えるようにします。目上の人よりも下方からグラスを合わせるのが暗黙のルールです。ビール瓶でお酌をするときには、注ぐ前に「お注ぎしてもよろしいですか？」と相手に伺うのがエチケットです。

飲み方

▼ジョッキの飲み方

ジョッキはまっすぐに持つのが基本。飲む際にはあごを上げず、手首を返すことでジョッキを傾けます。座卓にひじをついたり、ジョッキを両手で持ったりするのはNGです。

NG

首を突き出して泡を吸うのはやめましょう。姿勢が悪くなるだけでなく、香りや炭酸ガスをとどめる役割の泡が減ることで、ビールの風味を損ねてしまいます。

▲グラスの持ち方

小さなビアグラスの場合、人さし指から小指までを揃えて持つようにします。もう一方の手は、グラスの底に添えましょう。

注ぎ方

ビールのおいしさのポイントは、クリーミーな泡。口当たりがよいだけでなく、泡がふたとなって、ビールの風味を長持ちさせてくれます。この泡を作り出すコツは、ビールを三段階に分けて注ぐことです。

泡が立つように、少し高めの位置から勢いよく注ぎます。

泡の量がある程度落ち着いたら、グラスの縁から静かに注ぎます。

再び泡が落ち着いたら、グラスの縁から1〜2センチほど泡が盛り上がるように注ぎます。

こんなときは？

ビールの飲み方も国によってさまざまです。東南アジアでは、氷が入ったジョッキにビールを注いで「オン・ザ・ロック」で飲むことが多いです。また、アメリカやイギリスなどのバーで、小瓶のビールが提供されたら、ラッパ飲みをしてOKです。ジョッキのときと同じように、あごを上げず、手首を返して瓶を傾けると、上品に見えます。

POINT

瓶ビールの場合、ラベルを上に向け、手でラベルを隠さないように瓶の底の近くを上から持ちます。もう一方の手は、瓶の下側に添えましょう。

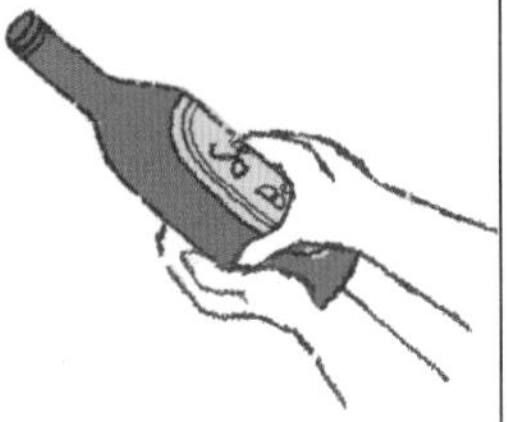

日本酒

オーダー時には好みの温度と味わいを伝えて

日本酒のオーダーでポイントになるのは、温度と味わいです。温度は、冷たくてすっきりとした味わいを楽しめる「冷や」と、温めて香りを味わえる「燗」が定番です。味わいでは、甘口や辛口、味の濃淡、香りの高いもの・穏やかなものといったタイプに分けられることが多いです。注文の際には、お店の人に好みの温度や味わいを伝えたうえで、おすすめの銘柄を教えてもらいましょう。

お酌の受け方

お酌を受ける際は、お猪口《ちょこ》を親指とほかの四本指ではさみ持ち、もう一方の手を底に添えます。

お酌を受けたら、会釈で礼をします。必ず一口飲んだうえで、お猪口を座卓に置きましょう。

NG

お猪口を座卓に置いてお酌を受けるのは、不作法にあたります。また、お酌を受けたお猪口《ちょこ》に口をつけないまま、座卓に置くのもやめましょう。

NG

徳利を下から持つのは「逆手注ぎ」という不作法です。また、酒の残量を確認するために、徳利の中をのぞいたり、徳利を振ったりするのも避けましょう。

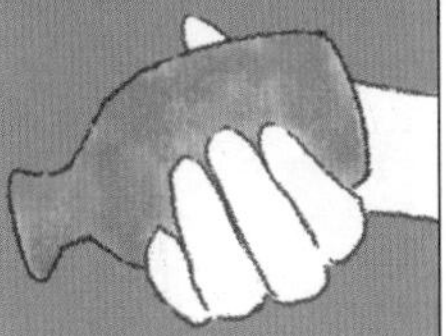

お酌の仕方

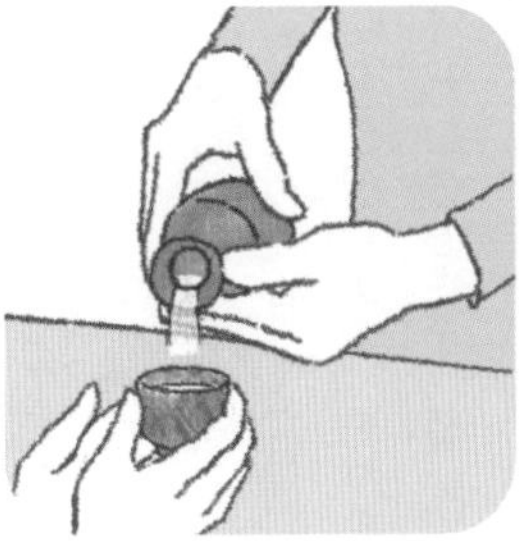

右手の甲を上にして、徳利の中心あたりを持ち、左手で注ぎ口に近い部分を下から支えます。

⇓

注ぎ終わったら手首を軽くひねり、しずくを切りましょう。

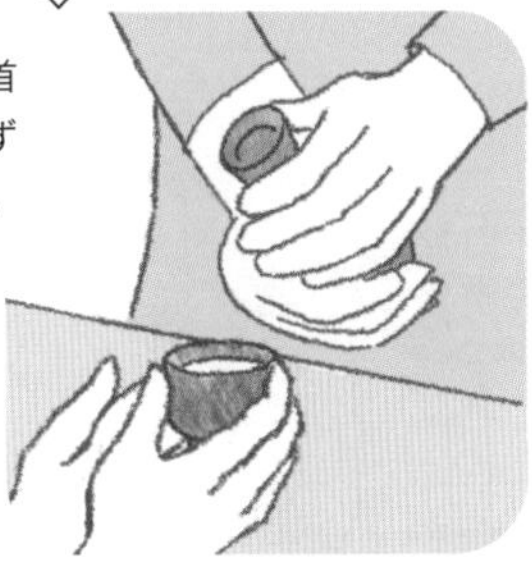

こんなときは？

升にグラスを入れ、日本酒をなみなみと注いだ状態を「もっきり」といいます。飲み方にルールはありませんが、粋に美しく飲むことを心がけましょう。

升のまま持ち上げて、グラスの酒を飲みます。グラスの中身が少し減ったら、升から出して飲みます。グラスの底の酒は、升の縁で軽くぬぐいましょう。升にあふれた酒は、グラスに注いで飲んでもOKです。升で飲むときは、升の角ではなく、辺の部分で飲みましょう。

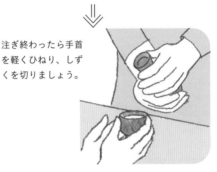

ワイン

ソムリエに相談して好みの味わいを選ぼう

ワインは種類によって、味わいの表現に違いがあります。白ワインであれば、原料のぶどうの完熟度によって甘味が変わるため、「甘い（甘口）」「辛い（辛口）」と表現します。赤ワインであれば、味わいの濃さを「重い」「軽い」と表現したり、味わいの力強さを「ボディ」というレベルで表現したりします。好みに合ったワインを見つけるためにも、ソムリエに積極的に相談してみましょう。

飲み方

◀ 注がれ方

注いでもらう場合には、グラスを持ち上げません。持ち上げると注ぎにくくなるためです。添え手も不要です。

▶ 持ち方

グラスのふくらんだ部分を「ボウル」、脚の部分を「ステム」といいます。国際的なシーンでは、ボウルの部分を持つのが一般的ですが、日本はステムを持つのが好まれます。

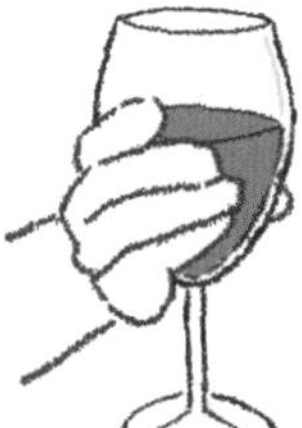

◀ スワリング

味や香りを引き立てるためにグラスを回す「スワリング」は、2～3回ほど行いましょう。

こんなときは？

ワインの注ぎ方を紹介します。

1. ラベルを上に向け、片手で底に近いところを持ちます。重い場合は両手でもOK。
2. ボトルの口をグラスから数センチ離し、上からゆっくりと注ぎます。
3. スワリングしやすいように、グラスの3分目を目安に注ぎます。
4. 注ぎ終えたら、ボトルを少しひねりながら起こしましょう。

▲ティッシュオフ

グラスに口紅がつかないよう、食事の前にティッシュオフしておきましょう。

▲乾杯

目の高さにグラスを掲げ、アイコンタクトと笑顔で乾杯します。グラスを傷つける可能性があるため、グラスをぶつけるのはやめましょう。

◀テイスティング

ワインの状態を確認するテイスティングでは、味の感想は言わず、問題がなければ「結構です」と伝えます。

披露宴

披露宴では、お祝いの場にふさわしいふるまいを心がけましょう。

服装

**日中の肌の露出はNG
夜は華やかさを加えて**

日中の披露宴は、光沢のない無地の服が基本です。胸元が大きく開いたものやノースリーブなどは避けましょう。アクセサリーは、パールやコサージュなどを付けます。時間帯が夕方以降の場合は、服装の素材や形に決まりはありません。アクセサリーも華やかなものでOKです。和装の場合は、振袖（未婚女性の正装）や訪問着（肩・袖・裾に模様がある）、色無地（黒以外のもの）を着用します。

NG

- 白一色、または黒一色の装い。
- 爬虫類の皮やファー素材、アニマル柄を用いた小物（殺生をイメージさせるため）。

ご祝儀

**ご祝儀袋の選び方と
お札の方向に気をつけて**

ご祝儀袋の水引は、結び切りか鮑結びを選びましょう。新札を用意し、中包みの封筒の表側に、お札の表側（肖像画があるほう）が向くようにして入れます。ご祝儀袋の裏面の上下の折りは、下側を上にします。当日は、ふくさなどに包んで持参しましょう。受付では、ふくさの上で右回りに回し、ご祝儀袋の正面を相手に向け、両手で渡します。

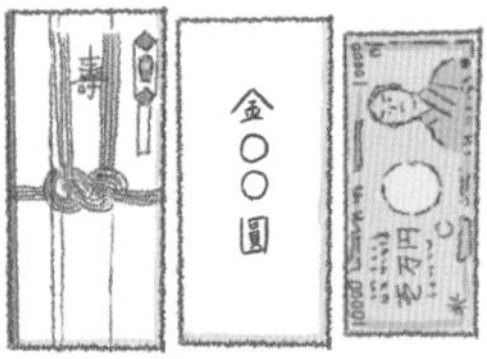

流れとふるまい方

入場

大きな荷物はクロークに預け、パーティーバッグだけで入場します。新郎新婦が入り口で出迎えているときは、長話はせず、お祝いの言葉をかける程度にとどめます。

着席

同じテーブルの人に、軽く会釈をしてから着席します。椅子の左側から出入りしましょう。バッグは、背もたれと背中の間に置きます。小ぶりのバックであれば、膝上に置いてもOKです。

新郎新婦入場

拍手で出迎えます。新郎新婦を祝福することを第一に考え、スマートフォンなどでの撮影はほどほどに。撮影に関しては、司会者が「カメラをお持ちの方はどうぞ」と撮影を促したときや、新郎新婦がテーブルに来てくれたときだけにとどめるようにします。

乾杯

右手にグラスを持ち、目の高さに掲げます。グラスをぶつけるのはNG。一口だけ口をつけたら、拍手をして着席します。

食事

乾杯後に着席し、ナプキンを膝の上に広げます。コース料理の提供のタイミングを合わせるためにも、食べるスピードをまわりの人に合わせましょう。スピーチや余興のときは、食事の手を止めて注目し、拍手で盛り上げます。中座はタイミングを見計らって。スピーチ・余興の途中や、目の前の料理を食べ切らずに席を立つのはNGです。

退席、退場

テーブルの上にあるメニューやネームカード、席次などは、引出物の袋に入れて持ち帰ります。席を立つときには、同じテーブルの人にあいさつをしましょう。出口で新郎新婦の見送りを受けたら、長話はせず、「きれいだったよ」「お幸せにね」などと言葉をかけて退場します。

立食パーティー

立食パーティーは、会話を楽しみ、関係を深める交流の場です。新たな出会いから、よいご縁を作ることもできます。

服装

邪魔にならず動きやすい服装で

服装は動きやすいものにしましょう。袖や裾の長いものや、高すぎるヒールはNG。バッグを持ったまま飲食をするため、肩にかけられるショルダーバッグがおすすめです。

コミュニケーション

積極的に話しかける

出席者には、自分から話しかけてみましょう。目が合った人や近くにいる人、一人でぽつんとしている人に、「ごあいさつさせていただけますでしょうか」と声をかけます。名刺交換をすれば、自己紹介がしやすくなります。「どちらからいらっしゃったのですか?」「〇〇さん(ホスト)とは、どのようなご縁ですか?」など、相手が答えやすい質問を投げかけるのが、会話のコツです。

夫婦も会場では別行動

夫婦で出席するときは、そろって入場します。しかし会場内では、別々に行動するようにしましょう。それぞれで交流を楽しめるうえに、新たな出会いで二倍のご縁を広げることができます。

退席のときはあいさつを

途中で退席するときには、ホストとまわりの人にあいさつをしてから帰りましょう。ホストは忙しいことも多いので、話ができたタイミングで「本日は途中で失礼しなければならないのです」と伝えておきます。

ビュッフェ

コース料理と同様に順番に食べる

ビュッフェでは、並んでいる料理をセルフサービスで取り分けますが、コース料理と同様に、オードブル→メイン→デザートの順で食べるようにしましょう。料理は、3〜4種類を少量ずつ皿に取ります。山盛りにしたり、両手に一枚ずつ皿を持ったりするのはNG。あたたかい料理と冷たい料理は、皿を分けるようにしましょう。料理は何度取りに行ってもかまいませんが、ビュッフェの列の流れを逆行するのはNGです。なお、料理は全種類を取る必要はありませんので、食べられるものを食べられる分だけ取りましょう。

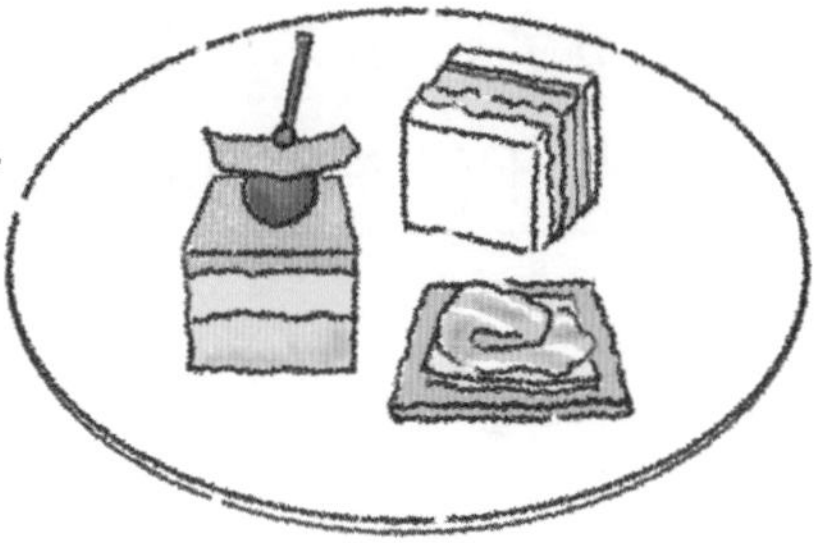

食器の持ち方

立食パーティーでは、常に皿とグラスを持っていなければなりません。加えて、ナプキンを使ったりするときのために、片手を空けておくのがいいので、片手で皿とグラスを持つようにします。まず、皿の上にグラスを置き、人さし指と親指でグラスの底を押さえ、残りの指で皿を持ちます。この際、グラスはステムのあるタイプだと持ちやすいです。フォークは皿の下で、中指と薬指の間にはさんで持ちましょう。

NG

- 立食パーティーは食事がメインではなく、交流を楽しむ場であるため、飲食に夢中になるのはNGです。空腹状態で参加するのは避けましょう。
- 立食パーティーで用意されている椅子は、高齢の方や疲れた人が座るものです。荷物を置いたり、数人で占拠して話し込んだりするのはNGです。

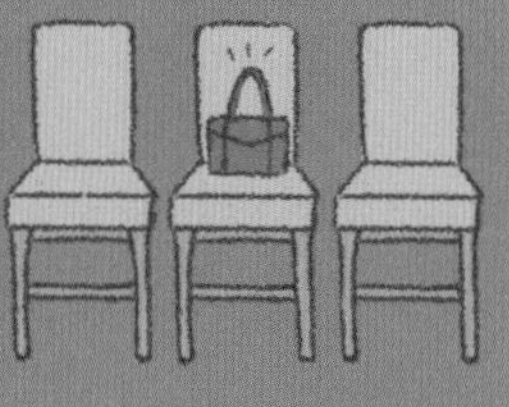

Q

食事会のホストになった！準備はどうすればいい？

A お店選びにはとくにこだわって 当日は会話への気配りも忘れずに

食事会のセッティングでもっとも大切なのが、お店選びです。立地やメニュー、金額、お店の雰囲気、アレルギー対応の可否、喫煙場所など、食事会のコンセプトとゲストに合ったお店を選びます。できれば実際に行って、雰囲気などを確認しておきましょう。

日時や会場が決まったら、早めにゲストへ連絡します。さらに、当日の2日前には、リマインド（再確認）のメッセージも送りましょう。確認しやすいよう、日時やアクセス方法、費用などを簡潔にまとめて連絡します。とくに会場へのアクセス方法は、わかりやすさを重視した記述を心がけて。お店のサイトや地図情報のURLを添えるのはもちろん、「○○線××駅、□□出口より徒歩3分」「△△ビル3階（1階は○○というカフェです）」といった、詳しい説明を加えましょう。

当日は、料理や飲み物に気を配るとともに、ゲストが楽しめるように配慮しましょう。また、みんなが楽しく話せるようにリードすることも大切です。たとえば、あまり発言しない人がいたら、「○○さんはどうですか？」などと話を振ってみましょう。

Q 目上の方にごちそうになることに！失礼がないようにしたい…

A 相手が「ごちそうしてよかった」と思えるよう感謝の気持ちを感想やお礼で伝えて

ごちそうになることがわかっているならば、感謝の気持ちをもって出席しましょう。しかし、必要以上に遠慮したり、かしこまったりする必要はありません。たとえば、「何を飲む?」と聞かれたら、モジモジしたりせず、「では、○○をいただきます」とはっきり答えるほうが、相手もオーダーしやすくなります。

ごちそうする側としては、相手がよろこぶ姿がうれしいものです。「とてもおいしいです」「きれいな盛り付けですね」など、料理やお店に対するポジティブな感想をどんどん伝えましょう。食事が終わり、お茶を飲むタイミングで化粧室に行くようにすれば、相手はその間に会計を済ませることができます。支払いを済ませてくれたことがわかったら、「ごちそうさまでした。ありがとうございます」と、ていねいにお礼を言いましょう。

翌日には、改めて相手にお礼を伝えます。相手が上司である場合には、翌朝の出社後すぐに、「昨夜はありがとうございました」とお礼を言います。直接お礼を言えない相手には、お礼のメッセージを送るか、手紙を書くのもおすすめです。

Q 高級店でのデート どうふるまったらいいの？

A 高級店では基本的に「レディファースト」男性のエスコートをスマートに受けて

まずは装いのチェックを。ワンピースやブラウス＆スカートなど、エレガントな装いを心がけます。大きな荷物は預けることになるので、小ぶりのハンドバックを別途持っていきます。

洋食の高級店では、レディファーストが基本です。男性がエスコートしてくれたら、照れたりせずに、スマートに受けるようにしましょう。メニューを決めたら、オーダーは男性にお任せします。食事がサーブされたら、基本のテーブルマナーに従って美しくふるまい、二人で楽しく料理を味わいましょう。また、料理の感想はたくさん伝えるのがベスト。ただし、料理が口に入っているときに話したり、大き過ぎる声で話したりするのは避けましょう。マイナスな感想も言わないほうがいいですね。

デザートが終わったあとで化粧室に立てば、その間に男性は会計を済ませやすくなります。ごちそうしてくれたら、ていねいにお礼を言いましょう。もし、ごちそうしてくれるのかわからないときには、「おいくらでしたか」「お支払いは…」などと、支払う意思を伝えてみましょう。

Q

ママ友のおうちでホームパーティー 気配りのポイントを教えて！

A

ホストママへの気配りを最優先に 持ち寄りフードは食べやすいよう準備

ホストとなったおうちのママに負担をかけないようにするのが、最大の気配りポイントです。セッティングなどのお手伝いは積極的に行いたいものですが、いきなりキッチンに入っていくのはNG。ホストママに、「何かお手伝いすることはある？」と尋ねてから、手伝うようにします。

ホームパーティーでは、食べ物は持ち寄りであることが多いもの。参加するメンバーがわかったら、子どもたちのアレルギーの有無を確認し、みんなが食べられるものを用意します。最近は、食品添加物や化学調味料に気をつかう人が増えていますので、ヘルシーな食品の方が印象がいいかもしれません。持っていくフードは、あらかじめ一口大にカットしたり、ピックを付けたりしておけば、子どもでも食べやすくなります。

パーティーが終わったら、食器洗いやゴミの分類、おもちゃの片づけなど、できる限りの片づけを行いましょう。帰る際にはお礼を言い、「今度はうちにも遊びにきてね」と伝えて後日招待すれば、親子同士の交流が深まるきっかけにもなります。

Q

大皿料理をきれいにシェアしたい！

A

みんながおいしく食べられるように大皿の盛り付けを取り皿に再現しよう

大皿料理の取り分けは、大皿にいちばん近い人が行うのがベストです。もし自分が近くにいるならば、率先して取り分けましょう。なお、取り分けの前には、嫌いな食材やアレルギーがないかを参加者に確認してください。

「大皿の盛りつけを、取り皿に小さく再現する」のが、取り分けでの原則です。大皿に料理が数種類のっているのであれば、それらを少しずつ、大皿と同じように盛りつけます。スパゲティなどの麺類は、取り皿へよそう際にトングをひねれば、山型に美しく盛りつけることができます。また、続けて別の大皿料理が来たときには、味が混ざらないように、別の取り皿を使うようにしましょう。取り分けた皿を渡す際には、まず自分に近い人の分を渡してから、離れた人の分を「恐れ入りますが、お隣に渡していただけますか」などとお願いするとスマートです。

基本的には、大皿に乗った料理は残さずに、すべて取り分けることをおすすめします。残っているものがあったら、「どなたか召し上がりませんか」と声かけするといいでしょう。

Q

ビジネス会食で
恥ずかしくないふるまいを知りたい

A 接待するときは事前の「情報収集」を
接待されたら翌日の「お礼状」を忘れずに

接待する側である場合は、事前の「情報収集」が大切です。相手の勤務先の情報や食事の好み、アレルギー情報はもちろん、会場となるお店のロケーションや料理の内容、提供されるお酒の種類まで、事前にしっかりと調べておきましょう。お店選びでは、インターネットで調べるだけでなく、実際に下見に行き、雰囲気などを確認するようにします。

当日は、相手が話しやすい話題で会話を盛り上げましょう。おすすめの話題は、出身地や趣味、休日の過ごし方など。仕事上では見えなかった、相手の一面を知ることができます。

接待を受ける場合でも、相手の情報をある程度頭に入れ、会話などに取り入れましょう。そして接待の翌日には、お礼状の準備をします。手書きの手紙がもっともフォーマルな方法ですが、メールでも失礼にはあたりません。交流できたことに対し、「おもてなしに感動、感謝しています」という気持ちを、臨場感をもって伝えるようにします。「昨夜はありがとうございました」と述べるだけの、平坦な文章にならないように気をつけましょう。

さくいん

本書で食べ方を紹介している料理を五十音順に並べました。食べ方を知りたい料理をパッと調べることができて便利です。

あ

か

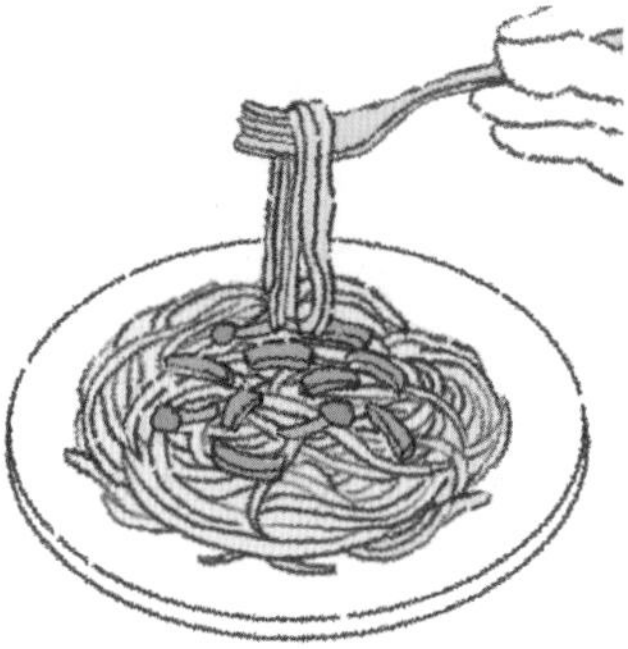

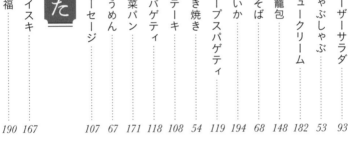

おわりに

シーンに合わせて、ベストな食べ方を

本書を手に取っていただきましたこと、心から感謝いたします。

最後までお読みいただき、ありがとうございました。

本書の内容は、基本的な食事のマナーを軸に、食べ物や状況に合わせて、もっともお勧めの方法をご提案したものです。ある程度の決まった型はありますが、決して「これが大正解で、ほかが間違っている」というものではないと、お伝えしたいです。

マナーというと「こうでなければならない」という厳しいものだと思われる傾向にありますが、これは大きな誤解です。

本来は、人づきあいで、お互いに心地よく過ごすために生まれた、とても温かいものです。心遣いを表現する方法がマナーであり、表現の方法は、一つではないのです。ぜひ、柔軟に捉えてくださいね。

私は、食べ方・ふるまいにもTPOがあると思っていますので、常に上品にふるまうことを推奨したいわけではありません。

たとえば、ホットドッグやタコスは大胆にかぶりついて食べるのが美味しいですし、もんじゃ焼きやお好み焼きは、ヘラで食べるのが粋です。細かいことを気にせず、気軽に食べるほうがその場の雰囲気に合っているなら、ぜひ、そうしてほしいなと思います。

フォーマルな場面、リラックスして過ごす場面など、状況に合わせて使い分けができると素敵ですね。

食事でいちばん大切なのは、美味しく楽しく、幸せな気持ちでいただくことです。

本書を通じて、あなたの人生に、幸せな時間がたくさん増えたら、とてもうれしく思います。

樋口智香子（ひぐち・ちかこ）

千葉県出身。マナー・コミュニケーション研修講師。元資生堂ビューティコンサルタント。このとき身につけた接客スキルを子どもたちに伝えるべくキッザニア東京に転職し、優秀スーパーバイザー賞を受賞、スタッフのマナー研修を実施する。2012年講師として独立。NLP心理学とマナーをかけ合わせた独自のプログラムによるセミナー・研修の傍ら、コラム執筆・雑誌記事監修など、幅広く活動する。

アカデミー・なないろスタイル　https://www.nanairostyle.jp

本書に関するお問い合わせは、書名・発行日・該当ページを明記の上、下記のいずれかの方法にてお送りください。電話でのお問い合わせはお受けしておりません。
・ナツメ社webサイトの問い合わせフォーム
https://www.natsume.co.jp/contact
・FAX（03-3291-1305）
・郵送（下記、ナツメ出版企画株式会社宛て）
なお、回答までに日にちをいただく場合があります。正誤のお問い合わせ以外の書籍内容に関する解説・個別の相談は行っておりません。あらかじめご了承ください。

デザイン　若井夏澄（tri）、野村彩子
イラスト　北村ハルコ
編集協力　糸井千晶（cocon）、菅原嘉子
校　正　岩原順子
ＤＴＰ　明昌堂
編集担当　横山美穂（ナツメ出版企画株式会社）

この1冊《さつ》で安心《あんしん》！
きれいな食《た》べ方《かた》&ふるまい

2023年4月3日　初版発行

著　者　樋口智香子《ひぐちちかこ》

発行者　田村正隆
発行所　株式会社ナツメ社
東京都千代田区神田神保町1-52　ナツメ社ビル1F（〒101-0051）
電話 03-3291-1257（代表）　FAX 03-3291-5761
振替 00130-1-58661
制　作　ナツメ出版企画株式会社
東京都千代田区神田神保町1-52　ナツメ社ビル3F（〒101-0051）
電話 03-3295-3921（代表）
印刷所　ラン印刷社

ISBN978-4-8163-7350-3　Printed in Japan